Louis **VALLAS**

Avec Croquis de SIMONS.

———

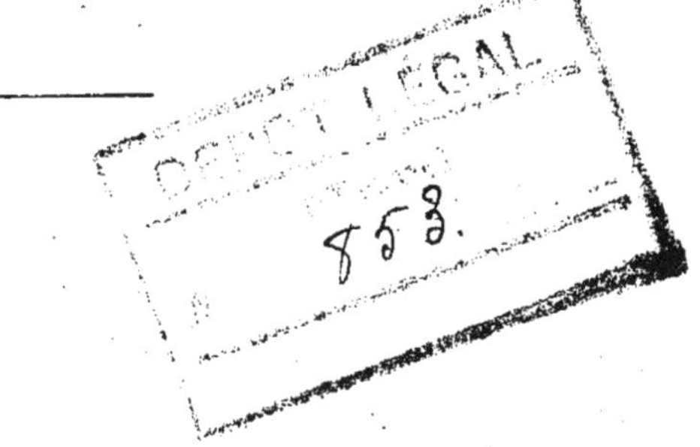

LILLE

RENÉ GIARD | RAOUST-LELEU
2, Rue Royale, 2 | 11, Rue Neuve, 11

L'ÉMOI DE LILLE

Il a été tiré de cet ouvrage :

500 exemplaires sur papier vélin,
60 exemplaires numérotés
sur papier hollande.

Louis **VALLAS**

———

L'ÉMOI DE LILLE

Avec Croquis de SIMONS

———

LILLE

RENÉ GIARD	RAOUST-LELEU
2, Rue Royale, 2	11, Rue Neuve, 11

A

LA MÉMOIRE

DE

MON FILS MAURICE

TOMBÉ

AU COMBAT DE COURLANDON

LE 14 SEPTEMBRE 1918

PIÈCES LIMINAIRES.

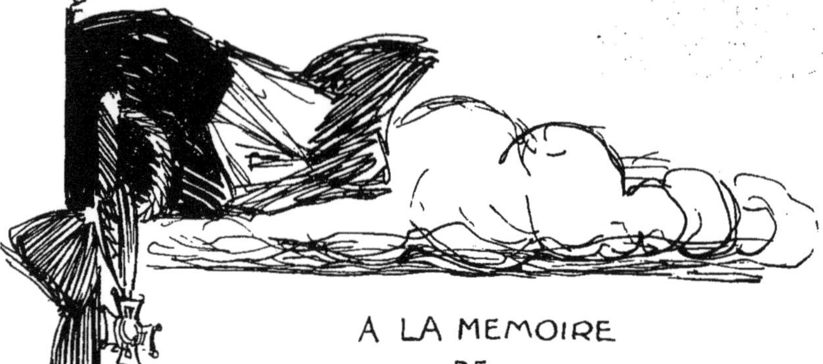

A LA MEMOIRE
DE
MON FILS **MAVRICE**

Tandis que j'écrivais ces vers.
Au fond d'une ville occupée,
Tu vivais ta rude épopée
De trois étés, de quatre hivers.

Après de longs émois divers,
J'ai vu ton héroïque épée
D'un crêpe noir enveloppée
Où luit la croix aux lauriers verts.

De nos deux œuvres c'est la tienne
Qui vaut seule qu'on s'en souvienne.
La gloire illumina tes pas.

Qu'ils soient offerts à ta mémoire
Les vers que tu ne liras pas.
Comme elle est cruelle, la gloire !

1*

A MES VERS.

Troupe plus grave que légère,
Que j'eus plaisir à rassembler,
A certains jours, pour me distraire,
A d'autres, pour me consoler,

De cet asile tutélaire
Que nul émoi ne vient troubler,
Pourquoi, d'une aile téméraire,
Songez-vous à vous envoler ?

Si parfois à votre ramage
S'est offert l'amical hommage
De quelques murmures flatteurs,

Au vent des louanges frivoles,
N'allez pas, modestes chanteurs,
Laisser tourner vos têtes folles.

AU MAITRE SIMONS.

Ton crayon de ce livre ordonna la parure
Et je veux que ton nom trouve sa place ici.
Si quelqu'un de mes vers du temps brave l'injure,
A tes fils il saura redire mon merci.

L'ÉMOI DE LILLE

LE COUP DE FOUDRE.

Un Archiduc d'Autriche et sa femme expirant
Sous des balles que tire une main inconnue,
L'intrigue manœuvrant dans l'ombre et préparant
Aux Démons du combat leur sanglante venue,

Enfin, le coup de foudre éclatant, le Kaiser
De Berlin se dressant près du Kaiser de Vienne
Pour lui crier en mots dont la pointe est de fer :
« Nous sommes alliés et ta cause est la mienne »,

Tout ce bruit, tout ce trouble et tout ce désarroi,
Sinistres précurseurs de la proche tempête,
Messagers de douleur et de deuil et d'effroi,
L'Allemand les accueille avec des chants de fête.

Il sent revivre en soi les sauvages aïeux
Que poussait au combat l'amour de la rapine
Et demeure fidèle au culte des vieux Dieux
Dont le sang répandu dilatait la narine.

Sa joie est sans mélange, il se sent fort, très fort
De sa propre vertu par la science accrue
Et, de plus et surtout, de sa foi dans son sort.
A la curée ainsi tout un peuple se rue.

LE BOMBARDEMENT DE LILLE.

LA NUIT NOIRE.

FAUSSE JOIE.

LA NUIT ROUGE.

LA NUIT NOIRE.

Des obus, ce matin, ont plu sur notre ville,
Puis, l'orage a cessé, mais chaque heure qui fuit
Est faite de moments dont aucun n'est tranquille,
La nuit tombe, que va nous apporter la nuit ?

Hier, la voix du canon salua sa venue,
Mais l'alerte fut brève et nous avons dormi.
Dormirons-nous ce soir ou la voix trop connue
Sonnera-t-elle encor du tonnerre ennemi ?

Triste jour, qui t'endors sur le sein des nuées,
Au roulis d'un vent dur que souffle le couchant,
Tes dernières lueurs dans l'ombre insinuées
Donnent à notre ciel un visage méchant.

Des destins malveillants serait-ce la sentence ?
Croyons plutôt, croyons toujours que nos remparts
S'ouvriront, et bientôt, au sauveur qui s'avance
Vers un nouveau Denain sous un nouveau Villars.

Ils sont là, nos soldats, leur ombre nous protège,
Des alliés vaillants et forts sont avec eux,
Une immense espérance est en nous, elle allège
Les lourds soucis que traîne un présent douloureux.

C'est l'heure du sommeil et chacun se prépare
A savourer l'oubli dont il a le secret.
Un bruit, qui naît soudain, du ciel entier s'empare,
Le présage écrit dans la nuée était vrai.

La nuit, dont le canon profane le mystère,
S'illumine d'éclairs qu'elle ne connaît pas,
Qui ne lui viennent point du ciel, mais de la terre
Et versent dans sa paix la fureur des combats.

Des bolides d'acier qui labourent l'espace
Et d'éclats meurtriers écrasent la cité,
Chacun s'essaie à fuir la mobile menace
Et demande à la terre un asile abrité.

Dans un coin de ma cave humide je grelotte,
Mille obstacles divers embarrassent mes pas,
Ma lanterne me verse une clarté falote,
De cette solitude obscure je suis las.

Je quitte mon désert et monte dans la rue
Où résonne le bruit de mes pas isolés ;
Une lueur amie, à mes yeux apparue,
Me mène à des voisins pour la veille assemblés.

A mon appel, la porte hospitalière s'ouvre.
Ce gîte est un palais à qui sort d'un cachot,
Certes, il est peu sûr, sans voûte qui le couvre,
Mais il est avenant, il est clair, il est chaud.

Les saluts échangés : « Eh bien, que font les nôtres,
Quel est le dernier bruit de la ville ? » Hélas ! non,
Je n'appris rien vraiment des nôtres ni des autres
Et ne sais d'autre bruit que celui du canon.

Il tonne sans répit et chacun de se taire ;
Attentif, comme s'il déchiffrait un rébus,
L'un d'entre nous propose un jeu pour se distraire,
On joue à deviner la marche des obus.

Nos oreilles, cueillant la brève confidence
De l'obus à travers les champs du ciel lancé,
En suivent le progrès jusqu'au point d'incidence,
Sur le sentier sonore en sifflements tracé.

Celui-ci doit tomber aux entours de la gare
Et celui-là sur la Grand-Place éclatera.
Oui. — Non. — Si. — Pour résoudre au mieux ce jeu bizarre,
On s'apprête à sortir dès que le jour luira.

Un instant, l'ouragan s'exaspère en tempête
Et, dans l'émoi soudain d'un bruit assourdissant,
L'un se dresse en sursaut, l'autre incline la tête ;
D'un mur frappé le plâtre en poussière descend.

La tourmente dans un autre quartier promène
La fureur de ses coups savamment étalés,
Le calme revenu bientôt nous rassérène,
Près de l'âtre, à nouveau, nous sommes assemblés.

On cause ; très banale est notre causerie.
Qui donc soupçonnerait, à suivre nos propos,
Que nos murs sont battus d'un flot de barbarie
Et qu'au vent des combats s'agitent nos drapeaux ?

Mais ce n'est là qu'un voile, et léger, du mensonge
Où veut s'envelopper la tristesse des cœurs,
De tous je connais bien l'angoisse qui les ronge,
Que cachent mal les mots frivoles ou moqueurs.

Le jour luit ; sur le front de l'aube qui s'éveille
Vais-je lire à nouveau le présage du soir ?
Pourquoi chercher ? Nul bruit ne vient à mon oreille
Dans la paix du matin refleurit mon espoir.

FAUSSE JOIE.

I.

A nos oreilles vient un très lointain murmure.
Il s'approche, il grandit, bientôt nous devinons
Des chars que des chevaux traînent à vive allure :
Des artilleurs, sans doute, amenant leurs canons.

Depuis deux jours déjà, l'ennemi nous bombarde,
Ecrasant nos maisons, trouant nos monuments ;
Les remparts sans canons d'une place sans garde
Ne pouvaient nous sauver longtemps des Allemands.

Au carrefour voisin la colonne apparue
Hésite et, reprenant bien vite son élan,
Se précipite, comme un torrent, dans ma rue,
Un officier en tête et d'autres sur le flanc.

Sur un commandement jeté d'une voix forte,
Ils font halte et soudain la foule d'accourir ;
Un visage se montre au pas de chaque porte,
De mes voisins j'entends les fenêtres s'ouvrir.

J'ouvre aussi d'une main fiévreuse ma fenêtre,
Que vois-je ? Quel émoi me saisit ? Je ne sais
Si pour nôtres il faut vraiment les reconnaître,
Ces soldats revêtus d'uniformes français.

Qu'attendre du Germain que stratagème et piège ?
De la traîtrise il a le culte et le souci,
Il a tenté, sous masque anglais, de prendre Liège ;
Ce qu'il fit en Belgique il le peut faire ici.

Je sors et, pour les voir de plus près, je m'arrête ;
Ils sont bien français, tous, chefs, servants, conducteurs
Et leurs canons sont ceux qui d'une auguste fête
Sur la Marne ont chanté les chants libérateurs.

Autour d'eux on s'assemble et chacun dit la joie
Qui naît de leur présence et raffermit les cœurs ;
Vers l'assaillant qui nous guettait comme une proie
S'envolent les défis et les propos moqueurs.

2.

II.

Soldats silencieux, vêtus de manteaux sombres,
Assis sur vos caissons, sur vos chevaux dressés,
Quels soucis sur vos fronts ont assemblé tant d'ombres,
Lequel revivez vous des mauvais jours passés ?

Est-ce de Charleroi la sanglante hécatombe :
Les régiments sur les régiments chavirés,
La terre s'entr'ouvrant comme une immense tombe
Et du sang des héros buvant les flots sacrés

Ou la retraite, après la bataille perdue,
Qui laisse à l'ennemi les blessés et les morts,
La retraite, par monts et par vaux répandue,
Qui brise la vertu des âmes et des corps,

Pis encor, la retraite, avant toute bataille,
Avant la guerre même — et pour la prévenir ! —
Qui fit au bouclier de la France une entaille
Dont les bords déchirés ne peuvent plus s'unir ?

Soldats silencieux, vêtus de manteaux sombres
Assis sur vos caissons, sur vos chevaux dressés
Quels soucis sur vos fronts ont amassé tant d'ombres,
Lequel revivez vous des combats traversés ?

P. 30

Sur la frontière ouverte en un jour de démence,
Des uhlans bondissants entendez vous les cris,
Cris de joie et d'orgueil qu'excite l'espérance
De voir s'ouvrir aussi la route de Paris ?

Je ne m'étonne pas de voir vos yeux pleins d'ombres,
Vos yeux rêveurs, d'éclairs par instants traversés,
Soldats silencieux, vêtus de manteaux sombres,
Si tant de souvenirs en vous sont amassés.

Mais le temps est passé qui vit votre détresse,
Vos doutes, vos rancœurs, vos colères aussi,
Il souffle de la Marne un grand vent d'allégresse,
De vos fronts laissez le balayer le souci.

Au sortir d'une nuit sous l'obus angoissée,
Nos cœurs à votre aspect retrouvent leurs ferveurs,
Pour vous, nous oublions notre ville blessée,
A notre joie offrez votre joie, ô sauveurs.

Les grands artilleurs noirs ne semblent rien entendre
Des rumeurs de la foule écloses sous leurs pas.
Leur silence paraît vers un songe se tendre
Qui les tient tout entiers et ne s'achève pas.

2*

Soldats silencieux, vêtus de manteaux sombres
Assis sur vos caissons, sur vos chevaux dressés
Quels soucis sur vos fronts ont amassé tant d'ombres,
Lequel revivez vous des combats traversés ?

III.

Le Capitaine plie, en maugréant, sa carte
Et je saisis ces mots qu'il murmure tout bas :
« Que faire, sans chemin libre par où je parte,
Pour sauver mes canons, pour sauver mes soldats ? »

Tristes mots et qui font défaillir mon courage !
Nous sommes enfermés dans un cercle de fer,
De l'envahissement voici venir l'outrage
Et se clore sur nous les portes de l'enfer.

Espoir d'un jour, que dis-je ? espoir d'une heure à peine,
D'un message odieux trop perfide courrier,
Du printemps tu promets la bienfaisante haleine,
Tu répands de l'hiver le souffle-meurtrier.

Avec ses lieutenants le Capitaine cause,
Rien ne vient jusqu'à moi des propos échangés ;
Mais je sais quel problème à leur esprit se pose
Et que tous leurs chemins sont semés de dangers.

Enfin, le chef a pris son parti ; sa voix claire
S'élève et fait sonner ces deux mots : « En avant »
Et la colonne part d'un trot qui s'accélère ;
Son bruit faiblit et meurt dans les souffles du vent.

Un silence effrayant est tombé sur la foule.
« Ils partent emportant notre espoir de secours »
De plus d'un œil rougi plus d'une larme coule,
Tous les fronts inclinés d'une angoisse sont lourds.

Dans le ciel vespéral un bruit se fait entendre,
Une femme s'effraie et tombe en pâmoison.
A nouveau, dans sa cave il va falloir descendre.
En silence, chacun regagne sa maison.

LA NUIT ROUGE.

I.

Entre toutes les nuits, cette nuit fut tragique
Où notre destinée affreuse s'accomplit.
Qui jamais eut prévu la fureur diabolique
Des cœurs que la culture allemande avilit ?

Le Lillois voit crouler ses maisons par centaines
Et ses enfants périr, sous ses yeux, dans ses bras ;
Mais, voilant ses douleurs de ses fiertés hautaines,
Garde ses remparts clos et s'apprête aux combats.

Son effort, il le sait impuissant ; pour combattre,
Les hommes font défaut comme aussi l'armement,
Des canons, avec peine, on en peut trouver quatre,
Des soldats, avec peine, un demi régiment.

Qu'importe ? Il faut tenir pour l'honneur des ancêtres,
Ceux que l'histoire dit grands parmi les plus grands.
Les pères, quand ils sont des héros, sont des maîtres
Et qui veulent des fils égaux à leurs parents.

Nos ancêtres, c'est vous, Chevaliers de Bouvines,
Qui vîtes sous vos coups les Germains s'écrouler ;
Votre sang qui battit ces minutes divines ·
Vous ne le verrez pas.dans nos cœurs se troubler.

Et nos pères, c'est vous, ceux de Quatre-vingt-douze.
Vers qui vont notre culte et notre souvenir ;
Nous voulons, comme vous, la Gloire pour épouse
Et nous voulons garder vos noms de se ternir.

Ainsi, le temps présent au temps passé s'enchaîne,
Une même vertu les anime tous deux
Et tel, qui céderait à la faiblesse humaine,
Se ressaisit et marche à l'appel des aïeux.

II.

L'assaillant était prêt à bondir sur la proie
Qu'il croyait affolée et ployant les genoux ;
A la voir résister, sa colère flamboie,
Ses canons réveillés ont redoublé leurs coups

Et bien vite, au milieu d'une horrible surprise,
Une longue clameur dans l'ombre a résonné ;
De l'obus nouveau sort, quand son métal se brise,
Un feu perfide en ses flancs lourds emprisonné.

Le Barbare sait les secrets de la chimie ;
Fort de tout le savoir à d'autres emprunté,
Il en fait l'allié de sa propre infamie,
Le puissant serviteur de sa brutalité.

En peu d'heures, la ville est pour un quart détruite,
Que de martyrs, au fond d'une cave enfermés,
Dont la flamme a barré tous les chemins de fuite,
Battent l'air de leurs bras à demi consumés,

Que de spectres errant parmi les noirs décombres
En quête des débris de leurs meubles brûlés,
Que de femmes, fuyant par les ruelles sombres,
Portant, poussant, traînant des enfants affolés !

III.

Après tant de douleurs, tant de victimes, mortes
Ou que guette la mort, faut-il tenir toujours ?
« L'honneur est sauf, ont dit les chefs, ouvrons les portes,
Tout espoir est perdu d'obtenir du secours. »

Le Barbare est entré dans la cité dolente
Qui d'un silence fier enveloppe son front,
Le silence du feu sous la cendre brûlante,
Comme un désert, farouche et, comme lui, profond,

Le Barbare est entré, mais la rage dans l'âme,
Une rage féroce et l'histoire dira
Qu'il a coupé les eaux luttant contre la flamme.
Ses crimes, quel baptême humain les lavera ?

Il a fait plus ; dans sa subtile perfidie
Qui du pire forfait cherche le pire abus,
Il osa de ses mains susciter l'incendie
Et pousser la grenade au secours de l'obus.

Un nuage épais, lourd de tragiques fumées,
Sur le ciel embrasé tend ses voiles de deuil
Et de mille brasiers les flammes ranimées
De la ville martyre empourprent le cercueil.

LE DÉFILÉ

Les tambours, les clairons, les fifres sont en tête
De la troupe qui marche au long du boulevard ;
La musique les suit de ses grands airs de fête
Et son tambour-major attire le regard.

Il marche, solennel, comme un Suisse à l'Eglise,
Etalant à nos yeux la blancheur de ses gants ;
Mais ses mouvements lourds, qu'un art grossier stylise,
Ne connaîtront jamais les gestes élégants.

Sa canne tour à tour et se lève et s'abaisse
Dans un balancement précis et saccadé ;
D'un automate il a la grimaçante adresse,
Un pareil mannequin vaut d'être regardé.

Puis, c'est le commandant du groupe, un capitaine,
Campé sur un cheval au poil noir, sabre au poing,
Les traits durs sous le casque et la mine hautaine ;
La sombre croix de fer étoile son pourpoint.

Est-ce bien des soldats que le reître commande ?
Ces hommes, presque vieux et par l'âge alourdis,
Ne sont pas une armée, ils ne sont qu'une bande
Et leur œuvre n'est rien qu'une œuvre de bandits.

Le Kaiser n'use pas de la seule mitraille
Et sa guerre connaît bien d'autres ouvriers
Que ceux de la tranchée ou ceux de la bataille ;
Leur tâche, ils la font loin des obus meurtriers.

Prendre tout et partout : son charbon à la mine,
A la terre ses fruits, à la forêt ses bois
Et toute grande ouvrir la porte à la famine
Pour semer la terreur sur un peuple aux abois :

Puis, détruire partout ce qui ne se peut prendre,
L'usine et la maison, la ferme et le château
Et sur d'horribles tas de débris et de cendre
Du pieux empereur arborer le drapeau,

Pour qu'à son ombre, un jour, la Culture fleurisse,
Qui nous vient d'Allemagne et qui lui vient du Ciel,
Et que le monde enfin vive dans la justice,
En savourant le lait de la paix et son miel.

Ainsi veut le vieux Dieu dont la main les protège
Leur Dieu national et qui ne connaît qu'eux,
Le Dieu du sang, le Dieu de la fourbe et du piège,
D'Attila, de Bismarck et de Guillaume Deux.

A savoir quels ils sont, ces soldats de l'arrière,
Nos cœurs sont balancés de la hanie au mépris ;
Cette tourbe, de tous les méfaits coutumière,
Devons-nous craindre encor qu'elle souille Paris ?

L'heure funèbre a fui, qui sonnait notre crainte ;
Après la Marne, après l'Yser, nous respirons
Et Paris, dégagé d'une hideuse étreinte,
Nous convie à l'espoir qui relève nos fronts.

.*.

Que tout est laid, pesant, épais et taciturne
En ces soudards, sanglés de cuir, de gris vêtus
Comme un soir qu'a touché la caresse nocturne,
Et menaçant le ciel de leurs casques pointus.

La colonne est formée à quatre hommes par file.
D'un piquet chacun d'eux a la rigidité
Et, dans le mouvement du bloc, semble immobile,
Tel un arbre au courant d'un grand fleuve emporté.

Rompant d'un brusque élan le rythme monotone
Tous les jarrets, parfois projetés en avant,
Se raidissent au pas dont l'œil français s'étonne,
Pas de l'ours ou de l'oie ou du singe savant.

C'est leur pas solennel, c'est leur pas de parade,
Celui qui réjouit les yeux de l'Empereur,
Pas d'une danse nègre ou d'une mascarade,
Imagination d'un esthète en fureur.

*
* *

La manœuvre s'achève au fond de la Grand'Place
Et, parmi le chaos de leurs rangs disloqués,
Nous pensons que, malgré l'insolente menace
Des canons sur la rue Esquermoise braqués,

Ici même, nos cris fêteront la venue
De nos soldats à nous, les petits fantassins
Dont le pas est léger, pimpante la tenue,
Ici, résonneront leurs allègres buccins.

Tant de jours sont en nous que leur image hante,
Tant de nuits où se penche au bord du gouffre noir
La douleur qu'exaspère une trop longue attente,
Que nos yeux sont brûlés du désir de les voir.

De tout notre passé d'indicible détresse
Ce glorieux instant libèrera nos cœurs,
Où nous verrons sur sa colonne la Déesse,
Les bras tendus vers eux, saluer les vainqueurs.

DOUAUMONT IST GEFALLEN.

Un barbare altéré de sang et de richesse
Se rua sur la Gaule ; une femme était là,
Une sainte, qu'aimait et vénérait Lutèce ;
Geneviève sauva Lutèce d'Attila.

Attila vit toujours, il se nomme Guillaume.
Non moins sauvage et plus habile que le Hun,
Le Prussien sut lier l'Empire à son Royaume,
Il a voulu Strasbourg et Metz, il veut Verdun,

Il veut Calais, il veut Dunkerque, il veut la côte,
Les bouches de l'Escaut et les canons d'Anvers ;
Du démon de l'orgueil son esprit s'est fait l'hôte
Et son ambition s'étend à l'Univers.

Mais c'est Paris toujours que survole son rêve ;
A l'assaut des vieux murs que d'uniformes gris !
Souviens-toi de Lutèce, âme de Geneviève,
Du nouvel Attila sauve le vieux Paris.

Déjà la Marne a vu, sous l'ardente poussée
Des soldats que menaient Joffre et Galliéni,
La tourbe des Germains battue et dispersée.
Que des Français ce jour soit à jamais béni !

Les vaincus dans la nuit des profondes tranchées
Ont tapi, de longs mois, leur courroux impuissant.
Sur la piste, à nouveau, les meutes sont lâchées
Et la Meuse à son tour roule des flots de sang.

Nos pères ont voulu Verdun armée et forte ;
L'ennemi, comme nous, en sait le très haut prix
Et son effort se tend furieux vers la porte
Qui barre à ses soldats la route de Paris.

Sur Verdun, comme des marteaux sur une enclume,
Des obus monstrueux s'abattent sans répit,
Le sol tremble, le roc se rompt, le feu s'allume,
C'est l'Enfer qui se tord, grince, hurle, glapit.

Verdun monte sa garde et, stoïque et fidèle,
Brave tous les assauts depuis plus de cent jours ;
Mais voici Douaumont tombé, la citadelle
Fatiguée et blessée, appelle du secours.

Qui désormais va vous conduire à la bataille,
Vous, héros de la Marne et héros de l'Yser ?
Puissiez-vous retrouver un chef à votre taille
Et demain renaîtront vos triomphes d'hier.

ILS ONT OSÉ.

*Ils ont osé ! Le bruit avait couru la ville
On douta jusqu'au bout qu'ils franchissent le pas
Il est, même pour ceux dont l'âme est basse et vile,
Des égouts d'infamie où l'on ne descend pas.*

*Ils sont descendus, eux, dans les égouts infâmes
Et nos récentes nuits les ont vus arracher
Leurs enfants aux parents comme aux maris leurs femmes ;
Cris, protestations, ne peuvent les toucher.*

*Baïonnette au canon, ils heurtent à la porte
Du logis qui soudain d'une angoisse s'emplit
Et voici se ruer la hideuse cohorte
Chaque cœur se resserre et chaque front pâlit.*

Sur un appel, tous les membres de la famille
S'alignent ; un soudard, brutal ou goguenard,
Examine, interroge et la mère ou la fille
Apprend qu'elle est vouée au plus prochain départ.

La scène à la maison voisine recommence,
Quelques heures plus tard, le troupeau rassemblé
Des victimes sur les chemins d'exil s'avance,
D'un long frisson d'horreur notre ville a tremblé.

II.

Ils ont dit : « La terreur est une arme de guerre,
La plus subtile et la plus efficace aussi ;
De la pauvre morale ignorante et vulgaire
Qui proteste et gémit nous n'avons nul souci ».

Ils se sont appliqués à se forger des âmes
Où ne résonnent plus les sentiments humains,
Ils bourrent leurs obus de poisons et de flammes
Et du sang innocent ils rougissent leurs mains.

Leurs chefs sont infectés des sucs de la Culture
Qu'à leur jeunesse un cuistre, aux yeux encerclés d'or,
Qui ne sait que son livre et rien de la nature,
Verse, comme un bourreau la liqueur de la mort,

Et, de plus, pervertis par l'exemple d'un maître
Qui trahit les traités jurés par ses aïeux
Et rend grâce à son dieu teuton qui l'a fait naître
Pour être des kaisers le type glorieux.

Leur esprit dévoyé vers tout sophisme glisse
Et leur cœur corrompu vers toute lâcheté :
Ainsi vont-ils, chantant sur la route du vice,
Pour y vivre des jours de surhumanité.

Leur Culture dans la violence, la fraude,
L'ivresse de l'orgueil et l'exaltation
Que le sang convoité donne au tigre qui rôde,
Monte à l'assaut de la Civilisation.

III.

Nous n'avons pas voulu prévoir, fous que nous sommes,
L'immense explosion de haine et de fureur
Des sous-sauvages qui se disent des sur-hommes ;
A nos enfants du moins confessons notre erreur.

Qu'ils sachent le pourquoi de notre négligence,
La lutte des partis qui dans chaque cité
Se déchirent entre eux et déchirent la France
Et que nul, s'il n'est fort, ne sera respecté.

Pour rendre à ce pays ses anciens jours prospères,
Sa force contre les barbares étrangers,
Ils devront le garder, mieux que n'ont fait leurs pères,
Des rhéteurs malfaisants et des mauvais bergers.

C'est le vœu cher à ceux qui vivent ces jours sombres,
A ceux surtout qui vont, le front voilé de deuil,
Rêvant d'un corps perdu sous de lointains décombres,
Que leur amour ne peut honorer d'un cercueil.

LA CITADELLE.

I.

As-tu pensé, Vauban, qu'un jour ta citadelle
Servirait de repaire au Barbare du Nord
Et verrait sous la balle impie et criminelle
Maintes victimes choir aux gouffres de la mort ?

En ces murs qu'éleva ta sage prévoyance,
Celui dont la fureur ne connaît pas de frein,
L'éternel convoiteur de la terre de France,
Fait crépiter les sons gutturaux d'outre-Rhin.

Si son âpre langage offense nos oreilles,
Sa brumeuse pensée offusque nos esprits.
Sa perfidie et sa cruauté sont pareilles ;
L'une engendre la haine et l'autre, le mépris.

De son esprit brutal il tire une culture,
Fille abjecte de la civilisation,
Telle, l'eau, qui du mont natal sort fraîche et pure,
D'un égout va nourrir la putréfaction.

De l'ordre resté sain descend la discipline,
De l'ordre corrompu l'oppression descend ;
La « Kultur » en son cours despotique décline
Vers un marais de fange où clapote du sang.

Que tu nous sembles belle, ô France, notre mère !
Par les sentiers du Vrai tu t'élèves au Grand,
Le seul Grand, le durable et non pas l'éphémère,
Le seul Grand, le réel et non pas l'apparent.

Dans la vertu de Rome et la grâce d'Athène
Ton génie a puisé sa force et sa beauté ;
Car tu suças le lait de la louve romaine
Et le miel que les flancs de l'Hymette ont porté.

II.

Ils font, Vauban, de ta citadelle un prétoire.
O Thémis, où sont tes balances et tes poids ?
Par la fraude cachée ou la fraude notoire
Ils faussent ta balance et tes poids et tes lois.

D'instinct et de vouloir le Boche pille et tue.
Du même brigandage ils sont tous citoyens.
Le juge à copier le soudard s'évertue ;
Il n'est de différence entre eux que des moyens.

De ceux que le lion convoqua dans son antre,
Au dire du renard, nul n'était revenu ;
Quiconque au Tribunal de la Citadelle entre,
Innocent ou coupable, y sera retenu.

Au plus léger délit appliquant lourde amende,
Les juges du Kaiser savent bien ce qu'ils font :
Ils remplissent la caisse et la caisse allemande
Est, comme un tonneau des Danaïdes, sans fond.

Dirai-je les prisons où règne la Culture ?
Chez nous, le cachot sait qu'il garde un être humain ;
Mais la geôle allemande accueille la torture,
La torture du froid et celle de la faim.

Elle connaît souvent l'angoisse et l'agonie
Des victimes que guette une prochaine mort.
Qu'elle soit à jamais et maudite et honnie
Celle qui vit passer les grands martyrs du Nord.

Des régiments nouveaux qu'il rencontre dans Lille
Un futur chroniqueur notant les numéros
Troubla d'un tel effroi les tyrans de la ville
Que sa mort seule a pu rassurer ces héros.

Un écolier, sortant à peine de l'enfance,
Condamné sans pitié, sans pudeur fût occis.
C'était un fils de la Belgique et notre France
Réclame aussi l'honneur de le nommer son fils.

L'heure même est venue où leur sombre furie
A couché dans la mort quatre hommes à la fois,
Qui tombèrent au cri de « Vive la Patrie ».
Vers eux vont nos respects où tremblent nos émois.

A tous ceux qu'ont frappés des sentences injustes
Qui souillèrent en eux la majesté du Droit,
Ici, dans les métaux et les pierres augustes,
L'Art saura rendre un jour l'hommage qu'il leur doit.

L'Histoire sait leurs noms, et voudra les redire.
Par crainte d'un oubli, je ne les dirai pas ;
Mais, puisque ici chacun les aime et les admire,
D'un mot religieux saluons les tout bas.

III.

Toi, qui sièges ici, tu n'es pas la Justice
Qui du coupable sait discerner l'innocent.
Tes traits sont ceux de la Terreur et le calice
Où s'étanche ta soif est tout rouge de sang.

Quand se lèvent tes yeux, j'y vois briller la haine,
Ton peuple de tout temps hait le peuple français,
Ton cœur a pour maîtresse et ton esprit pour reine
Une haine qui croît aux jours de vos succès.

La haine est un des fruits amers de la défaite
Et qui ne nourrit pas la fierté des vainqueurs ;
A la vouloir servir en vos banquets de fête,
Vous montrez la bassesse ignoble de vos cœurs,

De vos cœurs qu'empoisonne, au nom de la Culture,
Maint cuistre solennel aux yeux encerclés d'or,
Dont la leçon répand une doctrine impure
Et jette à tous les vents des semences de mort,

De vos cœurs, tourmentés d'une sournoise envie
Qui soudain s'exaspère en éclats violents,
Envie illimitée et jamais assouvie,
Dont la force peut seule enchaîner les élans.

Toi, qui sièges ici, tu n'es pas la Justice.
Chacun de nous le voit, toi même, tu le sais,
Désireux que ton vœu funeste s'accomplisse,
Tes juges se sont faits les bourreaux des Français.

Tu n'es pas la Justice et ta main criminelle
Pour juguler le Droit prend le glaive des lois.
Un peuple est sans honneur quand sa Justice est telle,
Sache tout le mépris qu'ont pour toi les Lillois.

L'AVION.

Chaque matin, quand le ciel clair
Promet une vision nette,
Pour braquer sur nous sa lunette,
L'Anglais tient les cîmes de l'air.

Comme un diamant au désert,
A l'œil ennemi qui la guette
Chaque nef invisible jette
Par instants un rapide éclair.

Et soudain les canons de bruire
Et mille éclats au ciel de luire
Qui meurent en flocons d'argent ;

Mais l'oiseau d'acier sur la plaine
En cercles élargis promène
Son vol impavide et changeant.

NACH CALAIS.

I.

D'un clair soleil d'hiver la ville s'illumine.
Sur les bords de la Deûle, une troupe chemine,
Un régiment, formé de tout jeunes soldats
Qui paraissent promis à de prochains combats.
Tandis que d'un pas vif la colonne s'avance,
Des lèvres des soudards un chant soudain s'élance,
Qui domine le son des fifres aigrelets.
Chaque couplet s'achève au cri de « Nach Calais »
Que le chef, nous frôlant, jette d'une voix dure,
Dans un ricanement où résonne une injure.
C'est son droit ; par delà les bornes du devoir
Le Boche étend son droit jusqu'où va son pouvoir.
Sans doute, le lourdaud croit-il la ville prise ;
Mais nous savons bien, nous, qu'un flot libre s'y brise
Sur un rivage libre et toujours bien gardé,
Nous savons que l'Yser glorieux est bordé,
De Dixmude à Nieuport, de cadavres sans nombre,
Dont nos vils insulteurs accroîtront le tas sombre.

II.

Imprudents, songez-vous que, peut-être bientôt,
Vos refrains fanfarons s'envoleront moins haut,
Si même on les entend ailleurs qu'au noir rivage
Où tout mortel échoue, au bout de son voyage.
Que d'autres sont passés déjà par ce chemin,
Dont les yeux n'ont pas vu l'aube du lendemain,
Dont les lèvres n'ont plus offensé nos oreilles
Des chansons qu'ils chantaient, à vos chansons pareilles !
Sur la route qui les conduisait vers Calais,
Ils ont trouvé, pour s'y reposer, un palais
Qui peut loger Guillaume et son armée entière,
Le Palais de la Paix qu'on nomme « Cimetière »,
Qui prend mais ne rend pas ses hôtes. Les combats
Sont affreux entre tous qui se livrent là-bas.
Les soldats savent mal la vérité ; peut-être
N'en sais-tu pas plus long que tes soldats, vieux reître,
Qui veux mêler tes cris à leurs cris insolents,
Malgré tes galons d'or et tes cheveux tout blancs.
Ton ignorance peut s'excuser ; non la haine
Qui s'allume en tes yeux, qui contre nous te mène,
A qui plaît d'insulter ceux qu'elle croit vaincus.
Sans cesse elle a charmé les jours que tu vécus.

C'est la fleur qui brillait au front de ta jeunesse,
Elle est la seule encor que ton vieux front connaisse
Et, sans doute, jugeant le geste noble et beau,
Avec toi tu voudras l'emporter au tombeau.
Notre dédain suffit à punir ta sottise,
Mais ta haine, tenace et sauvage, qu'attise
L'espoir, toujours déçu, de vos prochains succès,
Met de la haine aussi dans nos cœurs de Français
Et jusque dans le sein de la terre meurtrie
Où vit comme en nos cœurs l'âme de la patrie.
Oui, notre terre auguste, où coule tant de sang,
Où le corps d'un héros à chaque heure descend,
Qu'assaille, depuis plus de deux mille ans, ta rage,
Cette terre te hait, elle sent ton outrage.
Te haïssent aussi les amas calcinés,
Qui marquent seuls la place où nos enfants sont nés,
Les arbres, qui bravaient la fureur des tempétes,
Dont ta hache barbare a fait tomber les têtes,
Les canaux, dont ton pic a détourné le cours,
Pour changer en marais le sol des alentours,
Les airs méme, les airs qui nourrissent la vie
Et deviennent par toi des agents d'asphyxie,
Les choses, comme les hommes, tout, tout te hait,
Tout crie à l'univers indigné ton forfait.

III.

Tu ricanes à tort en prenant cette route.
Elle mène à Calais ; mais tu devras, sans doute.
Obliquer quelque peu du côté de l'Yser.
Le pays est fatal aux soldats du Kaiser,
Les fusiliers marins y mènent leur bataille
Et nous savons ce qu'ils feront de ta canaille
Qui n'aura de succès qu'en des « Communiqués »
Du grand sceau de la fraude allemande marqués.
Sans même dépasser les abords d'Armentières,
Tu peux trouver accueil en l'un des cimetières
Que prépara pour vous le prévoyant Anglais,
A qui déplairait fort de vous voir à Calais
Et qui jalousement garde les routes closes.
Nous sentons de la joie à te dire ces choses.
Vas-tu tourner au Nord ? Sache, de ce côté,
Que tu rencontreras le Belge, bien posté
Dans des lieux bien choisis qu'il saura bien défendre ;
Ne va pas te leurrer de l'espoir de les prendre.
Le Belge est brave et fort et ce n'est pas en vain
Que vous avez porté la torche dans Louvain.
Le monde entier maudit l'inexpiable crime,
Mais la victime veut le venger, la victime

A cultivé sa force, exercé ses soldats,
Que la foi des traités éloignait des combats
Et que la perfidie allemande y ramène,
De leurs cœurs ulcérés c'est la commune haine
Qui contre vous d'un même élan les a poussés,
Wallons et Flamands, tous, également pressés
De rendre à leur pays sa fière indépendance.
Si tu vas vers le Belge, arme toi de prudence.
Dans la plaine flamande, où nul ne peut ouvrir
Un fossé, sans y voir à flots les eaux courir,
Il n'a pas pu creuser les profondes tranchées
Qui gardent, dans la nuit souterraine cachées,
Les troupes préparant la défense ou l'assaut ;
Mais il a su plier à son service l'eau.
De cet art, dont il fut toujours et dont il reste
Le maître, puisses-tu sentir l'effet funeste.
Le Belge enfin, pour guide - et quel guide ? - a son Roi,
Albert, le Chevalier de l'Honneur et du Droit,
Dont l'histoire dira qu'il fut un grand monarque,
Que la gloire, demain, marquera de sa marque,
En posant sur son front le laurier toujours vert.
Combien il est petit Guillaume auprès d'Albert
Et grand le héros belge auprès du brigand boche,
Albert, comme Bayard, sans peur et sans reproche,

Prudent dans le conseil, dans l'action hardi,
Guillaume, le Kaiser parjure, le bandit
Dont la perfide main d'un flot de sang trempée
Sait tenir un poignard mais non pas une épée !
Que tu marches au Belge, au Français, à l'Anglais.
Tes soldats risquent fort de ne pas voir Calais
Et toi, d'abandonner à la terre flamande
Ce que contient d'engrais une panse allemande.

IV.

Ton œil nous cherche encor, tant tu voudrais savoir.
De quel trouble vos chants savent nous émouvoir,
De quel effroi nous peut frapper votre menace,
Joie impure, mais chère aux hommes de ta race ;
Tu seras satisfait.
      Tous, nous portons ici
Quelque grande douleur ou quelque affreux souci
Qui sur nos fronts flétris tendent des voiles sombres
Ou remplissent nos yeux pensifs de pleurs et d'ombres.
Tes chefs, que la culture allemande a nourris
Du poison corrupteur des cœurs et des esprits,
En vrais bourreaux qu'ils sont, font tout pour que
                 [s'accroisse
Des pays envahis l'épouvantable angoisse.

Chaque matin les voit greffer avec fureur
Sur l'horreur de la veille une nouvelle horreur.
« L'Allemagne au-dessus de tout », c'est la maxime
Qui flotte devant eux sur la route du crime.
Chacun en soi façonne une âme de tyran,
Plus il se sent cruel et plus il se croit grand,
Un seul désir le tient, le désir qu'on le craigne
Et, dans tout le pays, c'est la terreur qui règne.
Cependant, nul ne tremble, excepté ceux de nous
Dont l'injure reçue enflamme le courroux
Et dont le sang bouillonne et le pouls s'accélère.
Est-ce votre dessein d'allumer la colère ?
Votre chant tour à tour railleur ou menaçant
Sur son aile veut-il une goutte de sang ?
Ce jeu risqué, plus d'un Machiavel le loue,
Il peut être funeste au joueur qui le joue.
D'un peuple exaspéré pour braver la fureur,
Se juge-t-il assez puissant votre Empereur ?
D'autres, qu'ont fait subtils la nature ou l'étude,
Pensent que tout ce bruit cache une inquiétude,
Comme fait la chanson de l'enfant dans les bois.
Lorsque la nuit tombante éveille au loin les voix,
Les rumeurs, les sanglots, les plaintes, les murmures
Des taillis ténébreux et des hautes ramures,

Une peur le saisit, sans qu'il sache pourquoi,
Qui s'attache à chacun de ses pas et s'accroît,
Quand sa route s'emplit d'une ombre plus épaisse ;
Sa chanson n'est rien moins que la peur qui l'oppresse.
Etes-vous donc peureux plus que provocateurs
Et sentez-vous enfin descendre des hauteurs
Où vous l'aviez poussé, quand s'alluma la guerre,
Votre orgueil de Teuton arrogant et vulgaire ?
Qu'importe !

   Dominant les soucis, les douleurs,
Adoucissant les deuils et refoulant les pleurs,
Des jours qui sont mauvais maîtrisant la détresse
Et des jours qui sont bons avivant l'allégresse,
Ranimant les esprits et rehaussant les cœurs,
Nous préparant enfin des âmes de vainqueurs,
Une force est en nous, celle de l'espérance.
Une Allemagne peut périr, mais non la France.
Pour nous avoir surpris en un jour de malheur,
Où Sedan vit la force écraser la valeur,
Pour nous avoir volé l'Alsace et la Lorraine,
Vous nous avez haïs d'une nouvelle haine.
Qu'en passant chaque année a fait croître et grandir
Jusqu'à l'heure où sur nous elle a voulu bondir,
Comme un fauve à l'affût sur la proie espérée

Bondit, l'œil flamboyant et la griffe acérée
Et les muscles tendus pour l'étreinte de mort.
De la voix et du geste excitant son effort,
Votre Kaiser montrait la route grande ouverte
Vers Paris. Quelle proie incomparable offerte
A sa fureur, à sa rapine, à son orgueil !
Mais le cri triomphal meurt en sanglot de deuil.
La Marne, qui jadis a vu sur ses rivages
D'Attila culbuté fuir les hordes sauvages,
Dans ses flots sacrés voit à nouveau s'épuiser
L'élan du grand assaut qui devait nous briser.
Du terrible combat la France sort meurtrie,
Mais elle a triomphé de votre barbarie.
Sur son dur bouclier votre fer s'est tordu,
Que pour le coup mortel vos bras avaient tendu
Et voici sonner l'heure où de vos mains crispées
Au choc de nos Poilus, vont tomber vos épées.

V.

Maintenant, tu sais tout ce qu'il te faut savoir
Et de quoi se nourrit notre inflexible espoir,
Cet unique soutien de notre triste vie
Mais solide et fait pour éveiller ton envie.

Si peu subtil que soit un soudard allemand,
Tu dois bien quelquefois sentir obscurément
Qu'à piétiner la nuit fangeuse des tranchées
Vous n'y trouverez pas de victoires cachées
Et qu'à vous promèner dans le vaste désert,
Que vous avez tendu de la Marne à l'Yser,
S'épuisent lentement mais sûrement vos forces.
Vois un grand arbre, encor vêtu de ses écorces,
Mais qu'envahit la mousse et dont le tronc pourri
Ne laisse plus passer la sève qui nourrit.
Quelques maigres bouquets de feuilles demi-vertes,
Dont la maîtresse branche a ses pointes couvertes,
Donnent à ce cadavre un faux air de vivant,
Il est mort et va choir au premier choc du vent.
A cet arbre pourri l'Allemagne ressemble
Et déjà le vent souffle et déjà l'arbre tremble !

Allons, tourne la tête une dernière fois
Et garde dans les yeux tout ce qu'ici tu vois :
Le vainqueur apparent crie, insulte, menace,
Celui qu'il dit vaincu se tait sourit et passe.
Vains sont et resteront la menace et le cri
La victoire est à ceux dont la lèvre sourit.

AU SECOURS.

Ceux qui passent sous ma fenêtre
Sont des soldats vêtus de gris,
La rue est pleine de leurs cris,
Leur Kaiser se dit notre maître.

Quand les verrons-nous disparaître ?
Les premiers espoirs sont flétris,
Que nos pauvres cœurs ont nourris,
Les derniers, sur le point de l'être.

Des jours, des semaines, des mois,
Des ans même, chargés d'émois,
Nous épuisons la coupe amère.

Fût-ce au prix d'un bombardement,
France aimée, ô patrie, ô mère,
Délivre nous de l'Allemand.

A CESAR.

La fontaine de sang qui coule sur le monde,
Quel monstre es-tu toi qui t'efforças de l'ouvrir !
Combien d'hommes as-tu condamnés à mourir ?
Sur des charniers crois-tu que ta gloire se fonde ?

Ta fureur meurtrière est restée inféconde
Et l'impudent espoir qu'il te plut de nourrir,
Sur les bords de la Marne où tu le vis périr,
Dort pour jamais, couché dans sa fosse profonde.

A ton crime tu veux associer le Ciel ;
Mais ta prière est comme une liqueur de fiel
Qui profane l'autel où tu l'oses répandre.

Songe plutôt, César, que, de son poing de fer
Heurtant ton front, la Mort quelque jour doit te prendre,
Que Dieu va te juger et qu'il est un enfer.

LES HEURES LASSES.

Parfois, sous l'affreux joug que chaque heure resserre,
Le mont du salut semble impossible à gravir ;
Comme, jadis, son crime à Bismarck le faussaire,
A Guillaume sa fourbe aujourd'hui peut servir.

Ainsi s'ouvre notre âme à de sombres pensées,
D'un regard anxieux nous nous interrogeons
Et, nous remémorant les épreuves passées,
A celles qui nous sont promises, nous songeons.

Nous avons vu des jours terribles où des balles
Sur nos têtes sifflaient les lugubres rafales,
Nous avons vu des jours plus terribles encor
Où, dans un ciel sinistre, au midi comme au nord,
A l'est comme au couchant, éclatait la mitraille,
Où, sur des monts de cendre et des tas de ferraille,

Lamentables débris de nos pauvres maisons,
La Mort planait, le front couronné de tisons,
Où tout un peuple, hélas ! chassé par l'incendie
Des lieux où quelque joie avait paré sa vie,
S'enfuyait, sous le vent des obus, sans savoir
Si sa détresse aurait un asile le soir.

Cependant, sur ce champ de deuil et de souffrance
Chaque matin nouveau versait une espérance.
Où sont les jours de tant d'illusions bercés ?
A leur suite combien d'autres jours sont passés,
Dont nous nous consumons à nombrer les centaines,
Les uns, souillés de sang et tous, chargés de chaînes,
Egalant leur courage aux insultes du sort,
Mais contraints de plier sous la loi du plus fort
Qui veut l'obéissance illimitée et prompte,
Jours brûlés tour à tour de colère et de honte,
Fils maudits d'un soleil aux rayons irrités
Et de tous les poisons d'Allemagne infectés,
Où s'usent nos pavés sous les pas des Barbares,
Où notre ciel s'emplit du bruit de leurs fanfares,
Où nos cloches en deuil doivent souiller leurs voix
A chanter en l'honneur du César berlinois.

De tes pitiés, mon Dieu, la flamme est-elle éteinte,
Ne voudras-tu jamais accueillir notre plainte,
Ne voudras-tu jamais qu'ils prennent fin, ces jours,
Ces jours mornes, ces jours ténébreux, ces jours lourds,
Si lourds, si ténébreux, si mornes qu'à les vivre
Dans l'espoir toujours vain de l'heure qui délivre,
Beaucoup de tes enfants, qu'use un trop long effort,
Implorent de toi, comme une grâce, la mort ?

UN OBUS QUI VIENT DE LOIN.

A ALEXANDRETTE.

LE DISCOURS DU CONSUL.

L'OBUS.

A ALEXANDRETTE.

Au port d'Alexandrette un Allemand vivait,
Vertueux comme sont toujours ses congénères ;
Il croyait au progrès sans limite et rêvait
A la félicité des mondes sublunaires.

C'était un philosophe et, dès ses jeunes ans,
De la philanthropie il avait pris la route
Et dépensé sa vie en conseils bienfaisants,
Réconfortant qui souffre, affermissant qui doute.

Sur ce mérite rare, un jour, le Ciel voulut
Que descendit enfin la juste récompense.
Le Kaiser, qui cherchait un bon consul, l'élut.
Un discours du Consul fait savoir ce qu'il pense.

LE DISCOURS DU CONSUL.

I.

Je vis, depuis longtemps, parmi vous ; vous savez
D'où je viens, qui je suis et qui je représente.
Je vous ai prodigué mes conseils ; vous avez,
Maintes fois, éprouvé leur vertu bienfaisante.

Le poste de Consul, je ne l'ai pas cherché ;
Mais j'accepte avec joie un titre qui m'honore
Et, si d'un tel émoi vous me voyez touché,
C'est que notre amitié va se serrer encore.

Pour vous traiter en bons et vieux amis, ce soir,
Je veux vous promener au jardin de mon âme.
Vous y respirerez les fleurs de mon espoir
Et du pur idéal dont le zèle m'enflamme.

Quel idéal ? Un monde où règne enfin la paix,
La grande paix dont rien ne peut troubler la fête,
Non la paix de l'Anglais dont un génie épais,
Impur et mercantile enténèbre la tête,

Ni la fragile paix du frivole Français,
— Chacun sait le déclin de la race latine,
Dont le siècle passé vit les derniers succès,
Dont le siècle présent nous promet la ruine, —

Ni, non plus, celle où tend le Slave, oriental
Ou même européen, qui n'est rien qu'un sauvage,
Un enfant maladif, que son destin fatal
Jette, comme une proie, à l'éternel servage.

Il est fou de penser que quelque Américain
Entretienne l'espoir de gouverner la terre.
On voit mal un César qui serait Mexicain
Ou qu'au vieil Oncle Sam un sceptre puisse plaire.

Il est fou, plus encor, criminel et honteux
D'imaginer des Blancs commandés par un Jaune.
Les singes de Péking et Tokio, c'est eux
Qui du Chef de la paix menaceront le trône.

Mais un peuple demeure à qui revient de droit
Le redoutable honneur de l'empire du monde,
Qui mérite le nom sacré de Peuple-Roi
Et dont l'autorité sera forte et féconde.

Ce peuple — qui l'ignore ? — est le peuple germain,
Dont le nom, dès longtemps, résonne dans l'histoire,
Qui seul sut tenir tête au colosse romain
Et remporter sur lui mainte et mainte victoire,

Qui recueillit plus tard du géant terrassé
La pourpre impériale et le sceptre et le glaive,
Mais un sceptre tremblant, mais un glaive émoussé,
Une pourpre élective à la puissance brève.

Pauvre Empire, de par son principe, impuissant !
Sur son destin l'histoire avec pitié se penche
Et voit avec horreur l'Empereur frémissant
Agenouillé devant une soutane blanche

Ou se heurtant au dur Capétien, tapi
Dans le réduit de son pouvoir héréditaire,
Qui mène contre lui la guerre sans répit,
Aujourd'hui, diplomate et demain, militaire,

Mais toujours patient, toujours tenace et fort
De la force du temps à qui rien ne résiste,
Qui mûrit les desseins et prolonge l'effort
Du soldat courageux et du subtil légiste.

Celui qui ne meurt pas jette un regard moqueur
Au rival qui descend tout entier dans la tombe.
D'un duel inégal qui sortira vainqueur ?
L'éphémère devant le durable succombe.

Le soleil de l'histoire éclaire les chemins
Dont l'un mène au succès et l'autre à la défaite ;
Chaque jour en passant prépare aux lendemains
Ou des plaintes de deuil ou des chansons de fête.

De l'avenir lointain nous tenons le secret,
Nous savons à quel vent confier notre voile,
Pour aller vers le ciel où l'étoile paraît
Ou tourner vers le ciel où disparaît l'étoile.

II.

Nous avons relevé l'Empire, non celui
Dont le passé montra l'incurable impuissance,
Mais un Empire fort et durable et qui luit
D'un éclat qu'ignora le Royaume de France.

A quoi bon cette force et cet éclat sinon
A nous pousser au rang où le Ciel nous appelle ?
Dieu le veut, Dieu le veut ! Nous marchons en son nom ;
Qui marche contre nous contre Dieu se rebelle.

Dieu le veut et sachez comment il va parler.
Dans l'acier des canons sonnera son langage,
La terre de l'Europe entière va trembler,
Le sang ruissellera sur les champs de carnage.

Sur la mer la fureur des combats grondera
Et dans les plis obscurs des plaines sous-marines
L'audace d'un subtil génie emportera
Des hommes dont un triple airain ceint les poitrines.

Non moins audacieux, ceux qui domptent les airs
Mèneront par le ciel leur bataille mouvante
Et parmi des éclats de foudre et des éclairs
Sèmeront en leur vol la mort et l'épouvante.

A mettre sous vos yeux ce sinistre tableau,
D'une immense pitié tout mon être frissonne ;
La guerre envahissant le ciel, la terre et l'eau,
De la fin de ce monde est-ce l'heure qui sonne ?

Oui, c'est la fin du monde impur où nous vivons,
Que la Guerre a nourri, qui doit périr par elle.
La Paix universelle, amis, que nous rêvons,
L'ange, qui nous l'apporte, ouvre déjà son aile.

Saluons-la, dans nos esprits et dans nos cœurs,
D'un salut plein de foi que l'espoir accompagne ;
Mais son triomphe veut les Allemands vainqueurs.
Hoch pour le grand Kaiser de la grande Allemagne !

. . . .

Ainsi parlait, un soir, le consul allemand,
Vertueux philosophe et fervent pacifiste,
Bien connu comme tel du monde musulman.
Seul, un vieux turc gronda : Par Allah ! quel sophiste !

Les applaudissements étouffèrent la voix
Un peu brutale et qui demeura solitaire,
Le consul n'entendit que les propos courtois,
Un sourire brilla sur son visage austère.

Il pensait que Berlin lui saurait quelque gré
D'avoir semé le grain de la bonne parole,
Que d'une croix, sans doute, il serait décoré,
Il avait le désir de ce hochet frivole,

Non, certes, qu'il souffrit de sotte vanité ;
Mais un consul se doit d'accroître son prestige,
L'honneur, sans les honneurs, c'est la fleur sans l'été,
Sans éclat, sans parfum, s'étiolant sur sa tige.

L'OBUS.

Les régiments teutons foulaient le sol français
Où flambait, chaque jour plus ardente, la guerre.
Du consul qui, sans doute, en prônait le succès
Le Lillois envahi ne se souciait guère.

Aussi l'émoi fut vif quand, un matin d'hiver,
Nous lûmes un « Avis » du Gouverneur de Lille
Représentant de Sa Majesté le Kaiser,
Eclos pendant la nuit sur les murs de la ville.

En termes indignés, cet « Avis » exposait
De nos cruels marins l'abominable crime.
Sur la côte d'Asie un cuirassé croisait,
Dont les mâts arboraient nos couleurs à leur cîme.

Le Commandant du bord ordonna, sans trembler,
De braquer les canons sur une ville ouverte
Et d'obus bien pointés il se plut à cribler
La pauvre cible à ses jeux barbares offerte.

De nombreux habitants ont été massacrés
Ou réduits à s'enfuir de leurs maisons en flammes ;
Depuis quand des soldats se sont-ils honorés
A tuer des vieillards, des enfants et des femmes ?

Les placards qui portaient ces discours insultants
S'étalaient sur des pans de murailles brûlées.
L'auteur a-t-il perdu le souvenir du temps
Des grenades jadis à ses obus mélées ?

A quoi peuvent rimer les propos impudents
De sa prétentieuse et perfide tirade
Et pourquoi des Lillois fait-il ses confidents ?
Voici venir enfin le mot de la charade.

Le port d'Alexandrette est celui qu'ont cherché
Les obus du navire aux couleurs de la France
Et l'hôtel du Consul allemand fut touché.
Exécrable forfait qui crie au ciel vengeance !

A la Ville de Lille il est donc ordonné
De verser au trésor de l'armée allemande
Cinq millions de francs, à jour déterminé,
Soit pour indemnité, soit aussi pour amende.

La lecture achevée, un silence se fait.
Nous cherchons les chemins de logique du Boche
Qui sut à cette cause attacher cet effet
Et, pour emplir la sienne, épuiser notre poche.

Le silence se brise au choc de bruits divers.
L'un, en cris de mépris, d'exhaler sa colère
Et l'autre, de railler le Boche à mots couverts,
Tous, de se souhaiter un palais consulaire.

La foule se disperse et répète en riant
La boutade d'un vieux marin que j'ai notée :
« L'obus qui nous atteint fut lancé d'Orient.
Onc ne vis un canon d'aussi longue portée. »

L'ANNIVERSAIRE DU KAISER.

Les Boches sous nos yeux fêtent l'anniversaire
De Wilhem, Roi de Prusse, Empereur allemand,
Qui compte, depuis qu'il apparut sur la terre,
Onze lustres complets, accrus ce soir d'un an.

O César, tu permets, tu l'ordonnes peut-être,
Que tes soldats ici te dressent des autels ;
Toi, que d'un couple humain les hommes ont vu naître,
Depuis quand pris-tu rang parmi les immortels ?

En vain tu fais sonner au vide de tes phrases,
En des mots de rhéteur, d'insolentes emphases
Et promènes ta folle arrogance en tout lieu ;

Tu n'en restes pas moins un homme, et très vulgaire,
Où sont-ils tes exploits, pauvre Seigneur de guerre,
Ton bras puissant, stropiat, et ta foudre, faux dieu ?

PAQUES TRISTES.

Au Printemps renaissant la Terre offre, en sa joie,
L'hommage parfumé de ses premières fleurs,
Sous le soleil qui fait chatoyer ses couleurs,
La Deûle au loin s'emplit d'éclats d'or et de soie ;

Mais du même soleil la pourpre se déploie
Sur les murs calcinés de notre ville en pleurs,
Ni tes rayons, Printemps, ni tes merles siffleurs
N'empêchent de tourner la meule qui nous broie.

Que peuvent sur nos deuils les splendeurs de ton ciel ?
Le pain que nous mangeons a des saveurs de fiel
Et les liqueurs qui nous abreuvent sont amères.

Du vil Teuton voici les suprêmes défis
Du foyer paternel il a chassé nos fils,
Il en chasse aujourd'hui nos filles et leurs mères.

GOTT STRAFFE ENGLAND

C'était dans les lignes de feu,
Non loin des rives de la Deûle ;
L'ennemi, chaque jour un peu,
Pillait, brûlait maison ou meule.

Maintes fois, déjà, les uhlans
Avaient couru par la contrée
Et, chaque fois, plus insolents
Et plus âpres à la curée ;

Mais un jour vint un régiment
Se reposer dans le village.
Aux notables très poliment
Un officier tint ce langage :

ALLOCUTION D'UN OFFICIER.

Nous avons soif de grands exploits.
Cette soif jamais ne s'apaise.
Nous venons dans les murs lillois
De cerner une armée anglaise.

Déjà, nous marchons sur Calais.
Nous voulons en garnir la plage
De gros canons dont les Anglais,
Avant peu, sentiront l'outrage.

Calais pris sera bien gardé.
Le Kaiser, comblant l'espérance
De Jeanne d'Arc, a décidé
De bouter l'Anglais hors de France.

Ce qu'il a dit, nous le ferons.
Un monde nouveau se prépare.
France, après l'Anglais, nous battrons
Ton autre ami, le Tzar barbare.

Nous le connaissons mieux que toi
Le Géant russe aux pieds d'argile.
En sa force ton or eut foi.
Où pris-tu ce faux évangile ?

Du fameux rouleau compresseur
Qui nous écrase et nous refoule
Sais-tu le poids et la grosseur ?
Ce n'est qu'en tes journaux qu'il roule.

Nous, nous rions des grands exploits
Que tu prêtes au Moscovite,
Un gros ours qui ne sort du bois
Que pour y rentrer au plus vite.

Du monstre vil, qui de tes dons
Vit sur soi la manne descendre
Veux-tu la peau ? Nous la vendons,
Tant nous sommes sûrs de la prendre.

Si vraiment tu n'as plus que lui
Pour te sauver de la débacle,
C'est que ton dernier jour a lui.
Attends-tu du ciel un miracle ?

Vains espoirs et vœux superflus,
Sottises, pour tout dire en somme !
Le temps des miracles n'est plus.
Y crois-tu donc, fille de Rome ?

D'une corde alors ceins tes reins.
Lourdes, la Salette, Fourvières
Accueillent les bons pèlerins
Qui chargent de dons leurs prières.

A leurs larmes mêle tes pleurs,
Soutiens de ta voix leurs cantiques
Et puis attends que tes douleurs
Cèdent à ces baumes mystiques.

Qui, s'il t'aime, sans s'offenser,
Et, s'il te hait, sans rire d'aise,
Te verrait ainsi t'abaisser,
En reniant Quatre-vingt-treize,

Et jouer ces jeux enfantins
D'humiliante jonglerie,
A l'heure où des plus noirs destins
Gronde autour de toi la furie ?

La terre tremble sous tes pas.
Ouvre les yeux et considère
Les réalités d'ici-bas.
Le reste, tu n'en as que faire.

Tout près de toi, tu peux trouver
La vraie et solide alliance
Qui, dès demain, peut te sauver.
Songe à ton salut, vieille France.

Appelle celui qui rendra
Son ancien lustre à ton histoire,
Par qui ta grandeur renaîtra.
Vieille France, songe à ta gloire.

⁎

Du Colonel qui l'entendit
Ce propos cueillit les louanges.
Le Colonel à son tour dit
Des paroles bien plus étranges ·

DISCOURS DU COLONEL.

Les sages parmi les Français
Déjà commencent à comprendre
Que nos efforts et nos succès
Ne tendent qu'à les mieux défendre.

Campé sur la côte, l'Anglais,
C'est le loup dans la bergerie ;
S'il n'est repris par nous, Calais
Sera perdu pour sa patrie.

Que n'ouvrent-ils enfin les yeux
Ceux qui tiennent les hautes cîmes !
N'ont-ils rien à faire de mieux
Que mener la France aux abîmes ?

Le tyran de l'humanité,
L'insatiable ogre insulaire,
De tant de peuples détesté,
Lui, votre ennemi séculaire,

— Français, l'avez-vous oublié ? —
Vous obscurcissez votre gloire
En le prenant pour allié
Et vous reniez votre histoire.

De vos Capétiens fameux
Vous sapez l'œuvre patiente.
S'ils firent bien, faites comme eux.
Que l'exemple des Rois vous tente

Ou l'exemple de Duguesclin,
— Fauchant de son bras redoutable
L'Anglais, comme un faucheur, le lin, —
Qüi fut votre grand Connétable

Ou l'exemple de vos marins,
Ceux que vos ports, dunes, falaises
Savaient prêts à ceindre leurs reins
Pour assaillir la flotte anglaise,

Duquesnes ou Duguay-Trouin,
Tant d'autres héros légendaires,
Qui, Dunkerquois, qui, Malouin,
Tel Jean Bart le hardi corsaire.

Dès l'âge le plus reculé,
L'Anglais entretint l'espérance
D'un Roi d'Angleterre installé
Sur le trône des Rois de France.

La Fortune permit qu'un jour
Il pût enfin vivre son rêve ;
De son règne à Paris fort court,
La durée ailleurs fut moins brève.

Et c'est toi-même qui te plais
A le faire encor apparaître,
France démente, en ce Calais
Dont il fut deux cents ans le maître !

Comment donc vas-tu le louant
Celui dont la sauvage haine
Sur la Grand'place de Rouen
A brûlé la Vierge lorraine ?

Comment donc vas-tu le louant
Celui dont la sauvage haine
Dans un îlot de l'océan
Sur le roc nu de Sainte-Hélène,

Voulut, quatre siècles plus tard,
Clouer le soldat de génie
Que ton choix avait fait César,
Pour jouir de son agonie ?

A te voir confier ton sort
A ses bourreaux, que dirait celle
Qui t'aima jusques à la mort,
Que dirait-elle, la Pucelle ?

Que diraient-ils, ses compagnons,
Qui menaient les mêmes batailles,
Dont l'histoire a gardé les noms,
La Hire, Dunois et Xaintrailles ?

Que dirait-il celui, qui dort,
Près des flots que roule la Seine,
Sous un dôme éblouissant d'or,
Lui, le martyr de Sainte-Hélène,

L'un de tes plus fameux héros,
Le chef de ton plus grand Empire,
S'il te voyait à ses bourreaux
Tendre ta main et ton sourire

Et féter, non sans impudeur,
Un Britannique qui t'abhorre,
L'ennemi-né de ta grandeur,
Qui le fut et qui l'est encore ?

Ne nourris pas le fol espoir
Que l'Anglais lâche un jour sa proie ;
Calais, tu devrais le savoir,
C'est son orgueil et c'est sa joie

Et tu devrais savoir encor,
Si tu penses à la reprise,
Ce qu'il faut de temps et d'effort
Pour trouver un François de Guise.

Réjouis-toi, si nous voulons
Nous charger de la délivrance
Et méme, — pourquoi pas ? — allons,
Méle à nos soldats les tiens, France.

Tout ce que valent tes Poilus,
Nous le savons, nous et bien d'autres ;
Toi, tu n'ignores pas non plus
Ce que valent aussi les nôtres.

Les nôtres, alliés aux tiens,
C'est pour nous l'empire du monde ;
De quels plus solides soutiens
Peut s'étayer la paix féconde ?

A bas enfin l'Anglais, pervers
En son égoïsme cupide,
Qui fait peser sur l'Univers
Sa paix de vol et d'homicide,

Comme en font foi par milliers
Les victimes de sa rapine :
Tels les Hindous, émaciés
Dans les affres de la famine,

Tels les fellahs égyptiens
Qui savent ce que l'Anglais coûte,
En dépit des serments anciens,
— Des chiffons de papier, sans doute, —

Et tant d'autres, disséminés
En tous les points de notre globe ;
Sur tous hommes, où qu'ils soient nés,
S'abat le virulent microbe,

Le plus redoutable, celui
Par qui meurent tous ceux qu'il pique
Et s'obscurcit tout ce qui luit,
Le microbe panbritannique.

Faisons, nous, les civilisés,
Une paix d'ordre et de sagesse
Qui, sur les peuples épuisés,
Versera des flots de richesse

Et leur assurera des jours
Baignés de concorde civile ;
Qui donc pourrait troubler le cours
De leur félicité tranquille,

Quand, pour les garder, ils auront
Et la Germanie et la France,
La même flamme sur le front,
Dans le cœur la même espérance.

Et dominant de leur vertu,
De leur savoir, de leur génie,
Celui qu'ils n'auront abattu
Que pour briser sa tyrannie.

Un mot et demain c'est Calais
Retrouvant sa vieille patrie,
C'est la retraite de l'Anglais
Dans son Angleterre meurtrie.

Que si tu refuses ta main
A la main loyale que t'offre
Aujourd'hui le peuple germain,
Ni Castelnau, ni Foch, ni Joffre,

Ni tes soldats blancs, jaunes, noirs,
Ni cette méprisable armée,
Qui met dans French tous ses espoirs
Et devant qui tu t'es pâmée,

Ni ceux qui portent des turbans,
Parias ou même brahmanes,
Ni ceux du Japon, des forbans
Au visage de quadrumanes,

Ni tes sauvages alliés,
Que mène un Grand Duc de Russie
Par centaines de milliers,
Dont nul chez nous ne se soucie,

Ni les Belges outrecuidants,
Qui se croient des foudres de guerre
Et se disent indépendants
Sous le dur joug de l'Angleterre,

Ni les serviles Portugais,
Que l'Empereur de Londres sonne,
Comme un maître fait ses laquais,
Personne, entends-tu bien, personne

Ne peut conjurer le destin
Irrésistible qui t'incline,
Un peu plus bas chaque matin,
Vers la défaite et la ruine.

Toi-même ne peux t'y tromper,
C'est la défaite qui te guette ;
Aux coups que tu nous vois frapper,
Attends-la, prochaine et complète.

6*

Une ruine la suivra,
Dont tu garderas la mémoire.
Tantale enfin savourera
Les fruits juteux de la victoire.

La Flandre et l'Artois dans leurs flancs
Recèlent des trésors de houille
Qu'en font-ils, tes fils indolents ?
Ce n'est pas leur bras qui les fouille.

Ils font appel aux étrangers,
Plus forts sans doute ou plus habiles
Et moins soucieux des dangers ;
Ils font même appel aux Kabyles !

« La terre à qui sait l'exploiter »
Ainsi veut la loi de Justice.
A nos Allemands de lutter
Pour que cette loi s'accomplisse.

Soldats courageux, chefs prudents,
Une même ardeur nous anime,
Nous sommes armés jusqu'aux dents,
Notre vouloir est unanime.

Nous voulons être, nous serons
Le peuple roi, le peuple maître ;
Nos ennemis, nous les battrons
Quelque nombreux qu'ils puissent être.

A toi maintenant de choisir
Notre alliance ou l'esclavage,
D'aller, au gré de tes désirs,
Soit au salut, soit au naufrage.

Qu'il te souvienne de Crécy,
Peuple oublieux, qu'il te souvienne
De Poitiers, d'Azincourt aussi.
C'est, dis-tu, de l'histoire ancienne.

S'il a souci de ses destins,
Un peuple en doit savoir l'histoire ;
De souvenirs bien plus lointains
Nous conservons, nous, la mémoire.

Un homme un jour nous offensa,
Que coiffait la tiare romaine :
De l'injure de Canossa
La papauté subit la peine.

Par nous son chef fut condamné
Et, d'une main lente mais sûre,
Du coup par Luther asséné
Le temps élargit la blessure.

Toi, jadis, aussi tu savais
Devant la perfide Angleterre,
Te rappeler les vieux forfaits
De l'ennemie héréditaire.

L'eau du Lethé n'était pas l'eau
Que tu prisses plaisir à boire.
D'ailleurs, Trafalgar, Waterloo,
C'est de la très récente histoire.

Parlerai-je de Fachoda,
Une histoire contemporaine,
Où contre toi l'Anglais banda
Ses flèches d'envie et de haine ?

Si le temps parvient à changer
Son âme noire et déloyale;
Tu pourras nier le danger
De votre entente cordiale.

Il n'est d'entente qu'avec nous
A qui la veut loyale et sûre ;
Français, vous n'êtes que des fous,
Si vous tardez à la conclure.

— Ici, l'orateur s'arrêta,
Puis, pour mieux clore sa harangue,
De ces mots brefs il la clouta,
Qui semblèrent lourds à sa langue :

« Nous ne voulons pas occuper
Dès à présent votre village
Et vous pourrez y voir camper,
Sans doute, en piteux équipage,

Quelques débris des bataillons
Que viennent d'écraser nos armes,
De pauvres fuyards en haillons,
Traînant parmi vous leurs alarmes.

A tous vous direz nos desseins
Et que leur colère s'apprête
A châtier les assassins
Sans qui notre paix serait faite. »

— Sur ces mots, le bon colonel,
Non sans un salut, se retire,
D'un pas lent, grave, solennel
Et puis, nous éclatons de rire.

Boche, nous savons que l'Anglais
N'a jamais aimé que soi-même ;
Mais, s'il t'écarte de Calais.
Peu nous importe qu'il nous aime.

LA TOURNÉE PASTORALE.

LE PASTEUR.

Le Pasteur est un homme encor jeune ; on me dit
Que du Pangermanisme il répand la doctrine,
Que son zèle est ardent, son langage hardi
Et qu'un cœur de soldat palpite en sa poitrine.

Avec des cris de joie il avait salué
Le Kaiser qui tirait hors du fourreau son glaive :
« Que le Seigneur dans nos cantiques soit loué
Le soleil allemand sur le monde se lève »

Le Ciel n'a pas béni sa prophétie, hélas ;
Sur le front des grands chefs un pli d'ombre se creuse.
Les hommes sont déçus, taciturnes et las.
Le temps n'est plus de la guerre fraîche et joyeuse.

Le Pasteur ne veut pas qu'on parle d'insuccès :
« Qui donc pourrait douter de la cause allemande ?
Chacun de nous se doit d'abattre deux Français.
Le Ciel le veut, la Terre, elle aussi, le demande.

Elle soupire vers notre ordre, notre paix
Que la force soutient, qu'illumine la gloire
Et de notre triomphe elle attend des bienfaits
Qui de l'humanité vont transformer l'histoire. »

Saisissant le bâton des apôtres il court
Par les villes, les camps et jusques aux tranchées
Où son verbe puissant ranime chaque jour
Des premières ardeurs les plantes desséchées.

A son passage à Lille, il prêcha ; le hasard
Favorable à mes vœux me permit de l'entendre.
C'est un grand orateur, un maître dans son art
Et voici les pensers qu'il lui plut de répandre :

LE PRÊCHE.

Recevez mon salut, soldats qui m'écoutez.
Vous savez qu'elle flamme embrase ma parole
Partout où les drapeaux allemands sont plantés,
Et sur l'aile de quel espoir elle s'envole.

Ensemble, avec ferveur, prions le Tout-Puissant
Qu'il les bénisse et les conduise à la victoire,
Notre passé lointain, notre passé récent
Leur promettent l'éclat d'une prochaine gloire.

I.

Il nous la prépara, celui qui nous est cher,
L'apôtre, le lutteur qui sut briser nos chaînes,
Le rédempteur fameux de nos esprits, Luther,
Dont le nom sonne au loin sur les lèvres humaines.

Gloire au grand révolté qui vengea Canossa
Et sut frapper au cœur le despote de Rome,
Dont le prestige infâme à nos yeux s'éclipsa.
Des temps nouveaux Luther est le premier grand homme.

Grâce à lui, désormais, le Prince de la paix
N'aura plus à compter avec un autre Maître.
Oui, ton geste était saint, moine, quand tu frappais
Cette fausse moitié de Dieu, le Prince-Prêtre.

Si le Capétien immortel succomba,
Ouvrant à nos desseins une route plus sûre,
Peut-être est-ce un effet lointain de ce combat
Qui lui laissait au flanc une large blessure.

Tu peux dormir content le sommeil du tombeau,
Les rêves de ta vie ont eu de quoi te plaire,
Mais aucun de tes jours n'en connut d'aussi beau
Que celui dont ta nuit sépulcrale s'éclaire.

Le grain que tu semas, nous l'avons cultivé
Pour en faire le pain dont vit la Germanie :
Notre race en ce pain salutaire a trouvé
La force qui nourrit et grandit son génie.

Et toi, qui l'incarnas, le génie allemand,
Tu sais sur quelle roche inébranlable il fonde
Et tu sais de quel marbre il fait le monument
D'où sa vertu pourra voir à ses pieds le monde,

Monument colossal et d'un orgueil puissant
Où Kant mit le ciment de sa philosophie
Et des soldats, obscurs ou célèbres, leur sang:
Ce que touche un sang pur, ce sang le purifie.

C'est une dure loi, mais qui nous vient d'en haut,
Qu'un grand fleuve de sang coule à travers l'histoire,
Que tout progrès s'achète à ce prix et qu'il faut
Des sanglots pour rythmer le chant de la victoire.

O ridicule effort du rhéteur insensé,
Dont chaque sot discours croit abolir la guerre,
Un lâche que la peur de mourir a blessé,
— On le trouve aujourd'hui plus souvent que naguère, —

Un timide ou bien un malade, sans vertu
Dans son corps fatigué, dans son esprit morose,
Un intellectuel, et débile et têtu
Qui veut cueillir, mais sans les épines, la rose.

Les timides et les malades de chez nous
N'ont pas rang parmi ceux dont la parole compte.
Nous avons des maisons pour enfermer les fous,
Ces't l'histoire que nous respectons, non le conte.

II.

Le sophiste à la Force oppose en vain le Droit.
Sans la Force, le Droit n'est qu'un mot et la Force,
Chez nous, le savant sait et, mieux, l'ignorant croit
Qu'elle est le cœur du bois dont le Droit est l'écorce.

Seule la Force crée, elle est le seul moteur
De tout ce qui paraît, de tout ce qui s'efface.
Qui parle autrement n'est qu'un cynique menteur,
Dont l'impudence appelle un crachat sur la face.

La Force créatrice, aux multiples aspects,
Elle a pour nom le Droit, quand elle fait de l'ordre.
Sur cette vérité les mensonges épais
Se briseront les dents, s'ils tentent de la mordre.

Nous autres Allemands, d'un patient effort,
Soutenu de très longs et très durs sacrifices,
Nous sommes devenus le peuple le plus fort.
Des futures moissons nous cueillons les prémices.

Du bonheur qu'on mérite il est doux de jouir.
Sur d'austères vertus notre Empire se fonde.
Au précepte divin nous savons obéir
Qui veut l'homme vaillant et la femme féconde.

Plus un peuple a d'enfants, plus il est riche et fort.
Plus le respect de tous vers sa majesté monte,
Plus sûr est son travail, plus fécond son effort.
A qui veut le foyer désert malheur et honte.

Que l'infâme Malthus trône dans un Paris
Qui s'ébat dans la fange où l'enfanta Lutèce.
Dans le respect des mœurs les Allemands nourris
Au nombre de leurs fils mesurent leur richesse.

De ce peuple, fidèle observateur des lois
Par qui l'ordre se crée et s'accroît et s'assure,
Le monde sait qu'il peut attendre des exploits,
Couronnés d'une paix bienfaisante et qui dure.

Que tous les opprimés se lèvent pour bénir
L'héroïque géant qui les prend sous son ombre.
Des lueurs du passé s'éclaire l'avenir
Et le nôtre est gonflé de promesses sans nombre.

III.

Certes, j'aurais plaisir à courir avec vous
Par les plus anciens temps de notre vieille histoire.
Les Gaulois devant Rome ont plié les genoux,
Mais notre Arminius a connu la victoire.

Puisque à vos loisirs brefs il faut de brefs discours,
J'évoque simplement la radieuse image
Des jours qu'ont vus nos yeux ; ils méritent, ces jours,
Que très bas devant eux s'incline notre hommage.

D'un sol que la nature a fait ingrat et nu
Nous avons fait un sol à nos ordres docile.
Où les pères souffraient les enfants ont connu
Les douceurs d'une vie agréable et facile.

Le sous-sol qui toujours se montra généreux,
L'infatigable main de nos mineurs le fouille.
Ils travaillent pour tous comme ils feraient pour eux.
De là, notre trésor de métal et de houille.

La richesse du sol, nous la multiplions.
Notre industrie a pris la science pour guide.
Voici les millions se joindre aux millions
En des coffres que nul gaspillage ne vide

Nous avons voué tous notre culte à l'Etat,
Ce cerveau du grand corps sacré de la Patrie ;
Nous ne tolérons pas que le moindre attentat
Laisse, en blessant l'Etat, l'Allemagne meurtrie.

Aussi prospère-t-elle et sa prospérité,
Dans son élan hardi, passe nos espérances ;
Devant nous s'ouvre un champ de gloire illimité.
Que lointains sont les jours des anciennes souffrances,

Où ce pays traînait ses lambeaux mutilés,
Des villes, des cantons, tout au plus, des provinces
Dans l'impuissance et dans la misère isolés,
Des fantômes d'Etats, sous des ombres de princes !

La France avait tenu le fer de Dalila
Et du Samson germain fait tomber la crinière ;
Un long temps, le géant dans son cachot râla,
Des heures de sa vie, attendant la dernière,

Mais la mort l'épargna, son Dieu veillait sur lui,
Le Dieu qu'avaient prié ses sauvages ancêtres ;
Dans le ciel de la Prusse une étoile avait lui
Dont le rayon tombait sur le pays des reîtres.

Il parut au géant qu'un sang plus vif coulait
Dans ses membres chargés de moins pesantes chaînes,
Qu'autour de lui, le mur de sa prison tremblait ;
L'espoir lui vint d'un jour qui finirait ses peines.

La Prusse s'organise et son chef devient Roi,
Le Roi Frédéric deux mérite qu'on le nomme,
Son royaume naissant, il l'illustre et l'accroit ;
La Prusse, a son grand Roi ; l'Europe, son grand homme

Des lettres et des arts, il est le protecteur,
Le célèbre Voltaire est pour un temps son hôte,
Il pense en philosophe, il agit en lutteur
Qui, du rival, exploite habilement la faute.

Les contradictions ne l'embarrassent pas,
Dans l'allié du jour, il prévoit l'adversaire.
A l'ennemi d'hier, il jette des appats,
Les traités qu'un soir signe, un matin les lacère

Ceux qui comprennent mal ou qui comprennent peu
Parlent de maladroite ou sotte fantaisie ;
Ils admireront tous la finesse du jeu
En voyant en leurs mains tomber la Silésie.

IV.

Luther et Frédéric, voilà nos deux patrons,
A la voix de ces deux Pères de la Patrie,
Par les chemins qu'ils ont ouverts nous marcherons ;
Honte à qui laisserait leur grande œuvre amoindrie.

Rome et Paris, Germains, se liguent contre vous
Et de votre déroute ils préparent la fête.
Bénissez le Seigneur qui les offre à vos coups
Et du monstre latin tranchez la double tête.

Il faut détruire Rome, et détruire Paris,
Les deux piliers jumeaux de la force latine
Pour que notre Kaiser dresse sur leurs débris
Le trône glorieux que le ciel lui destine

7*

NAPOLEON

RACONTÉ PAR UN GÉNÉRAL ALLEMAND.

Mon aïeul a servi sous Blücher et je sais,
Pour les avoir cueillis bien souvent sur ses lèvres,
D'innombrables récits, nés sous le joug français.
Qui disent tour à tour nos torpeurs et nos fièvres.

Il me plaît d'évoquer les souvenirs d'un temps
Que de sa gloire emplit le grand Kaiser de France.
Le soldat peut louer ses succès éclatants,
L'Allemand, en parler à présent sans souffrance.

Waterloo châtia le vainqueur d'Iéna
Et, plus tard, c'est Sedan qui lava toute trace
De la honte subie, au jour qui nous donna
Un Empire englobant la Lorraine et l'Alsace.

Le Ciel est avec nous ! Pour la seconde fois
En moins de cinquante ans sur la terre française
Nous élevons nos camps, nous édictons nos lois
Et de la mer du nord nous tenons la falaise.

Du sol que nous foulons, un jour, part l'ouragan
Qui va, vingt ans et plus, bouleverser l'Europe.
Un soldat de génie à l'âme de brigand
Apparaît, que l'éclat de la gloire enveloppe.

Dans les sables brûlés des flammes du soleil,
Le sphynx égyptien contemple la bataille
Qui des vieux Pharaons profane le sommeil.
La cendre auguste au bruit des lourds canons tressaille.

Du destin Bonaparte épuisant le hasard,
Devient Napoléon, un nouveau Charlemagne,
Qu'un nouveau Saint Léon a consacré César ;
Mais le grand Karl était un fils de l'Allemagne.

Lui, c'est le pur Latin, l'ennemi de toujours
Qui depuis deux mille ans mérite notre haine
Et des siècles passés veut remonter le cours
Pour instaurer chez nous sa lourde paix romaine.

La victoire sourit à son premier effort,
L'Autriche est abattue aux plaines d'Italie ;
A vrai dire, l'Autriche a mérité son sort,
La gerbe mal liée à tout vent se délie :

Tel le corps autrichien d'Etats juxtaposés
Qu'unit trop faiblement une corde trop lâche,
Aux efforts discordants, trop aisément brisés,
Trop souvent inégaux à la commune tâche.

Le grand art du lutteur dressé pour conquérir
Et, quand il a conquis, exploiter la victoire,
L'art de nourrir la guerre à fin de s'en nourrir,
La Prusse seule en offre un modèle à l'histoire.

Qu'elle se développe et du peuple germain
Elle décuplera la force et la puissance,
Que l'Autriche périsse et tant mieux si la main
Qui la frappe est la main de l'Empereur de France,

Qu'importe, quand il vient, d'où nous vient le succès
Et, pourvu que notre œuvre à la fin s'accomplisse,
Qu'importe qu'elle soit l'œuvre d'un chef français ?
Si le vin nous en plait, qu'importe le calice ?

Il eut fallu lier Berlin avec Paris,
Frédéric autrefois avait donné l'exemple,
Mais un autre orient attira nos esprits
Et Janus à nouveau vit se rouvrir son temple,

Le César de Paris sur la Prusse asséna
Un formidable coup de sa lourde massue
Et ce fut la défaite horrible d'Iéna.
Un flot sanglant baignait la blessure reçue

Et, pour l'entretenir et pour l'envenimer,
Le traité d'une Paix et cruelle et perfide,
Dont chaque mot marquait le désir d'opprimer,
Sur elle, chaque jour, distillait son acide.

La Prusse n'aura plus de soldats ou si peu
Qu'elle ne pourra plus utiliser sa force,
De son gouvernement lui-même, tout le jeu
Séra suivi de près par les agents du Corse.

Au régime choisi pour amener sa mort,
Dans la consomption d'une lente agonie,
Opposant son tenace et patient effort,
La victime sauva les causes de sa vie.

Sans rien abandonner de ses vastes desseins,
Elle se fait très humble et sa tête s'incline ;
Mais contre le despote aux décrets assassins,
Elle mène dans l'ombre une guerre féline.

La ruse bien ourdie est chère à l'opprimé ;
C'est le rayon d'espoir éclairant sa détresse,
La seule arme qui reste à l'homme désarmé,
De ce grand art la Prusse est la grande maîtresse.

Ses fils, dans un secret jalousement gardé,
Dans une même foi qu'un même zèle enflamme,
Tous, dociles au plan par le chef décidé,
Vont, chacun à son rang, sans murmure ni blâme,

Et voici que bientôt la force reparaît
Dans le corps qui semblait tout rongé d'anémie,
L'armée est relevée, en dépit des décrets,
Le poison, cru mortel, ne l'avait qu'endormie.

Les esprits de vengeance ont hanté son sommeil,
Les esprits de colère et les esprits de haine,
Des crimes du César triomphant son réveil
Pour le César déchu saura faire une chaîne.

L'Espagne aux insurgés indique le chemin ;
Des sommets de ses monts abrupts descend l'orage,
Le tyran voit trembler son sceptre dans sa main
Et de plus d'un combat malheureux sent l'outrage.

L'Espagne n'était pas de taille à renverser.
Un trône que gardaient des bataillons sans nombre ;
Mais elle en sut atteindre et, sinon éclipser,
Tout au moins obscurcir le prestige d'une ombre.

En haut, dans les sierras ténébreuses, en bas,
Dans le val ou la plaine également hostiles,
Les soldats s'épuisaient en d'incessants combats
Qui naissaient sous leurs pas d'embuscades subtiles

Et les chefs étaient las de mener sans succès,
Sans même en espérer la fin dans la victoire,
Une guerre sauvage où le peuple français
N'aurait à récolter qu'un blâme de l'histoire.

Paladins de Roland, tombés à Roncevaux
Pour Dieu, pour l'Empereur à la barbe fleurie,
Retrouvez-vous vos fils en ces hommes nouveaux.
Votre gloire par eux, n'est-elle pas flétrie ?

Du Christ, que vous serviez, ils brisent les autels,
Leur Empereur n'est qu'un usurpateur vulgaire ;
Revenus dans le monde où vivent les mortels,
C'est à Napoléon que vous feriez la guerre.

Ne vous réveillez pas. A l'appel de ton cor,
Roland, qui, dans les monts, roulait comme un tonnerre,
Tes fils dégénérés répondraient-ils encor ?
Ils suivent un César révolutionnaire.

Ce César n'est plus jeune et n'est pas encor vieux,
C'est l'âge qui prévoit ; à prévoir, il lui semble,
— Il est sans descendants comme il est sans aïeux, —
Que son Empire et lui vont s'écrouler ensemble.

Eh quoi ! tous ces combats dont s'émeut l'univers,
Cette gloire sonnant sur toute lèvre humaine,
Pour qu'un pauvre tombeau, planté de lauriers verts,
Soit l'unique débris d'un immense domaine !

La sombre vision, dans son cœur révolté,
Ne pouvait qu'aviver les flammes de l'audace ;
Un danger, qu'il connaît, il le juge dompté,
De tant d'autres il sut dissiper la menace !

La femme à qui jadis il offrit son amour
Et dont l'amour fidèle a parfumé sa vie,
Sans pitié, sinon sans regret, voici le jour
Qu'il la chasse du trône et qu'il la répudie.

Avec l'assentiment du pontife romain,
Oubliant les rigueurs de sa morale austère,
César, devenu libre, accueillera demain
Une fille d'Autriche en sa couche adultère.

Elle lui donne un fils de la race des Rois
Qui, pour faire durable un Empire éphémère,
Trouve dans son berceau deux titres et deux droits
La gloire de son père et le sang de sa mère.

Le ciel impérial ne fut jamais plus clair,
Plus éclatant de plus radieuse lumière,
Napoléon paraît un Dieu, vêtu de chair,
Qui n'aurait rien perdu de sa splendeur première.

Autour du haut pouvoir comme du haut rocher,
Un esprit, entre tous redoutable, voltige.
Malheur à l'imprudent qui se laisse approcher !
Sur son front passera le souffle du vertige.

Le vertige a saisi l'âme de l'Empereur ;
Dans tout ce qui tempère ou mesure ou limite,
Il voit une faiblesse, un défaut, une erreur ;
L'Europe, pour qu'il y respire, est trop petite !

Du rêve décevant, le rêve oriental
Dont sa jeunesse en vain aura foulé la cendre,
Il subit à nouveau le prestige fatal,
Il a vécu César, il veut vivre Alexandre.

L'Orient ! A travers les domaines du Tsar
C'est toujours lui qu'il vise avec sa grande armée :
Mais voici, surgissant des trappes du hasard,
Le Moscovite avec une torche allumée.

La grande armée, en proie aux affres de la faim
Et du froid, se dissout comme, au soleil, la neige.
Les chemins du retour voient défiler sans fin
Des régiments que chaque étape désagrège.

Ce n'est plus le temps, Sire, où le ciel resplendit,
C'est le temps du ciel sombre où gronde la tempête ;
Sous les coups furieux du démon de midi.
Se débat ton orgueil et s'incline ta tête..

Pour la seconde fois, ton rêve est dissipé
Et tu ne penses plus à revivre Alexandre,
Mais sais-tu que César, d'un coup mortel frappé,
Dans sa tombe entr'ouverte est tout près de descendre,

La haine est clairvoyante et nous te haïssons
Assez pour concevoir une espérance sûre !
De ta prochaine mort nous nous réjouissons,
Nous savons de ton flanc la profonde blessure.

César, qui ne veut pas succomber, lutte encor,
La victoire, parfois, sourit à son génie,
Qu'importe ! Il faut céder à la loi du plus fort
Et voici délivrée enfin la Germanie.

L'île d'Elbe ne peut contenir l'exilé
Qui regagne la France, où le soldat l'acclame,
Où d'un vol triomphal ses aigles ont volé,
De clocher en clocher, aux tours de Notre-Dame.

Le Roi de France fuit sur la route de Gand
Et le peuple retourne à son ancienne idole ;
Mais du défi l'Europe a relevé le gant.
César, ton aventure est scélérate et folle.

Ta folie et ton crime, au moins, nous ont servis
Nous, sur qui s'alourdit ta longue tyrannie ;
D'un Prussien tu reçus le coup fatal et vis
Blücher à Waterloo maitriser ton génie.

Ce haut fait nous grandit, on reconnait nos droits.
Sur le Rhin allemand, nous monterons la garde,
La rive occidentale aura pour rois nos rois
Et tout ce que conquiert la Prusse, elle le garde.

Un succès reste vain qui n'est pas prolongé
En un autre succès qui l'exploite et l'achève.
Vers quel succès nouveau sera-t-il dirigé
Le pays où Bismarck à l'horizon se lève ?

A LA GLOIRE DE BISMARCK.

C'était un député du Reichtag ; il tenait
Le renom d'orateur à la parole ailée
Et qui sait éveiller les émois. Quand tonnait
Son discours, un frisson courait sur l'assemblée.

De Bismarck il était fervent admirateur
Et lui resta fidèle au jour de la disgrâce.
Le Kaiser irrité le traitait de rhéteur,
Puis, le temps éteignit sa rancune ; tout passe.

La guerre prolongée a mis le député
En faveur à Berlin ; voici qu'il accompagne,
Dans un voyage au front de Flandre, un invité
De la Cour, un Roi neutre, ami de l'Allemagne.

J'entendis le discours qu'il fit aux Généraux
Assemblés en grand nombre à Lille, pour leur dire
L'œuvre du grand Bismarck et louer le héros
Dont le génie a su ressusciter l'Empire.

LE DISCOURS.

O trois et quatre fois heureux le peuple élu,
Dont un Dieu bienveillant protège la fortune
Et qui voit apparaître, et dans le temps voulu,
Le chef sachant ouvrir une route opportune !

Bismarck fut un vrai chef et la postérité
Saura glorifier l'œuvre qui fut la sienne :
Grouper les Allemands dans la forte unité
D'un grand corps que nourrit la sève prussienne.

La Prusse des pays germains est le pays
Que gouverne la plus rigide discipline,
Où les ordres du chef sont le mieux obéis,
Où, devant l'intérêt de l'Etat, tout s'incline.

A cette rude école, il faut aller t'asseoir,
Vieux Germain, qui veux vivre ailleurs que dans un rêve.
L'Autriche t'a déçu, l'Autriche, c'est le soir.
Tourne-toi vers la Prusse où l'aurore se lève.

Que le Hohenzollern remplace le Habsbourg,
Faute d'accord entre eux, que la force décide.
Le salut d'un pays est d'un poids assez lourd
Pour rendre légitime un combat fratricide.

A Sadowa, l'orgueil des Habsbourg fut brisé,
Mais le Prussien savait qu'il luttait contre un frère,
De sa grande victoire, il n'a pas abusé,
Une alliance fut le fruit de cette guerre.

Vers Berlin, cependant, tous les yeux sont tournés,
L'Europe est inquiète et redoute un orage,
La Prusse a des soldats bien armés, bien menés ;
Qui tient prêt son outil, se dispose à l'ouvrage.

Quelle œuvre à ses soldats Bismarck réserve-t-il ?
Sans risquer d'être faux prophète, on peut le dire
Et tout observateur, fut-ce le moins subtil,
Sait qu'à son Roi Bismarck veut offrir un Empire,

Que le Russe et l'Anglais ne protesteront pas,
Que l'Autrichien dompté s'est incliné d'avance
Et que, Prussiens, la route où sonneront vos pas
Est celle qui franchit la frontière de France.

Vingt fois et plus, au cours des siècles, vos aïeux
Ont suivi cette route, et récemment vos pères
Y passèrent, portant leurs drapeaux glorieux
Et traquant l'ogre corse en ses derniers repaires.

La France, secouée au vent des factions,
De son ancienne idole honore encor la race.
L'oncle mort du neveu sert les ambitions
Et d'Auguste Augustule à présent tient la place.

Comme fut châtié le vainqueur d'Iéna,
Châtiez à son tour l'héritier de son trône,
Souvenez-vous qu'une heure aux temps anciens sonna,
Où l'Empire allemand s'étendait jusqu'au Rhône.

Roi Guillaume, heureux Roi, tes arsenaux garnis,
Tes généraux savants, tes soldats intrépides,
De vivres, de fusils, de canons bien fournis,
Tout t'invite à cueillir les victoires rapides.

D'où vient que ton esprit soit encor hésitant ?
Vas-tu donc la laisser échapper, cette proie
Qui s'offre d'elle-même au piège qu'on lui tend ?
Le dépit dans les yeux du grand Bismarck flamboie.

Mais tout Allemand sait la ferme volonté
De l'homme en qui repose une immense espérance,
Que nul pouvoir humain ne l'a jamais dompté
Et qu'il saura saisir, à la gorge, la France.

De la guerre, bien vite, il trouve le chemin.
Un mot que n'a pas dit son Roi, mais qu'il lui prête,
Fait du Français dupé l'agresseur du Germain,
Bismarck n'est pas de ceux qu'un vain scrupule arrête.

Quel cynique menteur ! ont dit nos ennemis
Et les mêmes ont dit : Quel cynique faussaire !
A qui fonde un Empire, un mensonge est permis
Et d'ailleurs, quel mensonge, au fond, fut plus sincère ?

Bismarck a rapporté le langage du Roi
En l'ajustant à la volonté germanique,
C'était sa mission, son devoir et son droit,
Un hypocrite seul peut le nommer cynique.

Dans la dépêche d'Ems, la Prusse a reconnu
La pure expression de toute sa pensée,
Et l'Empire nouveau, dont le jour est venu,
Remercie et bénit la main qui l'a tracée.

Comme des sangliers sur un champ mal gardé,
Les bataillons prussiens se jettent sur l'Alsace,
Un pays allemand qui nous fut dérobé
Et que nous saurons rendre au chef de notre race.

Strasbourg est assiégé, bientôt, Metz, à son tour
De nos canons braqués sur elle, sent l'atteinte
Et vains sont les efforts de ceux qui, chaque jour,
Tentent de desserrer notre implacable étreinte.

Soudain, un cri s'élève, impétueux, ardent,
Triomphal, qui s'épand de la Meuse à la Sprée :
Les Français viennent d'être écrasés à Sedan
Leur déroute finale est dès lors assurée.

Parmi nos prisonniers figure l'Empereur
Dont Paris irrité, vote la déchéance :
Soulevant à la fois la joie et la fureur,
La République, encore une fois, naît en France.

Il ne nous déplaît pas que s'effondre à Paris
Un trône impérial brisé par la défaite ;
Le triomphe allemand en tire un plus haut prix
Et du jour de Sedan, nous faisons une fête.

Un combat décisif est comme une moisson,
Il n'est plus qu'à cueillir les épis. Notre Alsace,
Nous la cueillons avec Strasbourg, dans le frisson
Qui naît quand un affront séculaire s'efface,

Avec Metz, nous cueillons notre pays lorrain :
Le traité de Verdun met au lot germanique
Ce pays, nécessaire à la garde du Rhin,
Dont nous a dépouillés une manœuvre inique,

Et dans Paris, enfin, cerné de toutes parts,
Que la fièvre de la Révolution mine,
Où, parmi les obus qui rongent ses remparts,
Se glissent les premiers effrois de la famine,

Qui faiblit et qui va nous tomber dans la main
Et dont il faudra bien que l'orgueil s'humilie,
Nous allons liquider nos comptes dès demain,
Notre vengeance, il la boira jusqu'à la lie.

Mieux sans doute eût valut le brûler, ce Paris
Où revivent ensemble et Sodome et Gomorrhe,
Au nom de la vertu dont nous sommes épris ;
Bismarck est généreux et patiente encore.

Mais nous voulons, du moins, le réduire à merci,
Qu'il laisse le champ libre à notre jeune audace ;
A nos fils nous voulons épargner le souci
Du volcan où toujours bouillonne une menace.

Leurs tribuns impudents ont fait croire aux Français
Qu'au seul Napoléon nous avons fait la guerre,
Que, de notre entreprise, ayant vu le succès,
Nous ferons une paix douce. Fable vulgaire !

C'est la France que nous visons jusqu'en ses Rois
Expulsés de leur trône et même de leur tombe,
Mais toujours survivants dans l'œuvre d'autrefois,
Que des Capétiens maudits l'œuvre enfin tombe !

Toi, qui parmi les Rois, trônas comme un soleil
Et dont la gloire emplit la terre tout entière,
Que l'histoire a nommé le Grand, le Sans-Pareil,
Qui jusqu'à notre Rhin, sus pousser ta frontière,

Toi, qui persécutas nos frères protestants,
Pour laver le limon de ton lit adultère
Et dont nous maudirons le nom dans tous les temps,
Sache, que c'est à toi que nous faisons la guerre.

Sans doute, te plaît-il, à la chute du jour,
De promener ton ombre au Château de Versailles ;
Sans doute, t'y fais-tu suivre aussi de ta Cour
Pour que ton cœur, rempli d'anciens émois, tressaille.

Prépare-le, ce cœur, à des émois nouveaux,
Si tu viens aujourd'hui visiter ton domaine.
Un spectacle s'y donne et qui vaut des bravos,
Mais le jeu, ce n'est pas Molière qui le mène.

N'espère pas non plus un chant racinien
Soupirant les amours de Tite et Bérénice.
Le drame qui se joue et dont tu ne sais rien,
Apprends d'abord qu'il est conduit par la Justice.

Apprends aussi quels sont les acteurs : sous tes yeux
Sont assemblés les chefs de la grande Allemagne
Dont chacun porte en mains les lauriers glorieux
Que donne la victoire à ceux qu'elle accompagne.

Boileau, qui sait chanter les passages du Rhin,
Pourrait en leur honneur faire vibrer sa lyre.
Ils ont fait résonner nos trompettes d'airain,
Sur l'un et l'autre bord de l'onde qui l'inspire.

Désormais, le grand fleuve est nôtre tout entier,
Nous recouvrons l'Alsace, objet de ta rapine,
Et la Lorraine aussi que prit ton héritier ;
Ta gloire, Roi soleil, à l'horizon décline.

Et l'Empire allemand ressuscite, ce soir,
Un Empire solide, à base héréditaire.
Du trône, où le nouveau Kaiser vient de s'asseoir,
Nous ferons le premier des trônes de la terre.

Charlemagne retrouve un successeur, le vrai,
Mais qui n'est pas souillé de l'onction romaine ;
En ce fils de Luther, le Germain seul parait.
C'est son Dieu, ce n'est pas un Pape qui le mène.

Comme il a libéré l'Europe de Paris,
Il saura, quelque jour, la libérer de Rome.
Le grand combat pour la Culture est entrepris,
La Culture qui fait du Germain un surhomme,

Qui lui confère un droit de domination,
Un droit saint, devant qui tout autre droit s'efface,
Le droit impérial, par où sa nation,
A pas de géant, monte à la première place.

LE JOUR DE SEDAN.

C'était un grand seigneur de la Prusse du Nord,
Qui, des Hohenzollern serviteur très fidèle,
Pour eux, sans hésiter, avait bravé la mort.
La faveur du Kaiser récompensait son zèle.

Le désir de revoir encor les régiments,
Qu'il avait commandés aux premières journées
De guerre, l'attira dans les pays flamands.
Il vint souvent à Lille au cours de ses tournées.

Aux « Fêtes de Sedan », sa présence doubla
L'éclat accoutumé de la grande parade
Et, le soir, au banquet militaire, il parla,
Sous le triple hurrah d'une triple rasade.

Son discours souleva des salves de bravos,
Puis des salves de toasts qui poussèrent l'orgie
Jusqu'à l'heure où, paré de ses rayons nouveaux,
Le matin se glissa sur la nappe rougie.

Quand l'orateur, avec grand respect salué,
Sortit, le cerveau trouble et trouble aussi la langue,
Les feuilles d'un carnet sur la table oublié
Nous livrèrent le texte entier de sa harangue.

LE DISCOURS.

Pour fêter la journée où nos pères vainqueurs
Ont fondé le nouvel Empire d'Allemagne,
Rendre hommage aux vertus qui nourrissaient leurs cœurs,
Honorer les drapeaux que leur gloire accompagne,

Il me plaît de parler devant vous du Kaiser
En qui l'âme de la Patrie est incarnée ;
Sur le front qui s'étend de l'Euphrate à l'Yser
C'est lui qui des Germains guide la destinée.

Il porte dans sa main le glaive de Sedan,
Symbole triomphal de la force germaine,
Que forgea son aïeul vaillant, le Roi prudent,
Celui qui nous rendit l'Alsace et la Lorraine.

Le rédempteur de Metz et Strasbourg a péri
Mais quand il se coucha, le vieux Kaiser Guillaume,
En son tombeau de gloire immortelle fleuri,
Il laissait à son fils l'Empire et le Royaume.

Pauvre Prince que guette une prochaine mort,
Qui d'un mal implacable a ressenti l'atteinte,
Que le cancer de sa pince tenace mord
Et qui bientôt succombe à la fatale étreinte !

Mais l'instrument est bon que Bismarck a forgé.
De l'Empereur défunt l'héritier prend la place
Et l'Empire poursuit son chemin inchangé,
Sous un chef soucieux des destins de sa race.

Le fier Hohenzollern, que le trône a reçu,
Brûle de tous les feux de sa jeunesse ardente
Et, dès les premiers jours de son règne, il a su
Faire éclater l'esprit de grandeur qui le hante.

Les courages germains par lui sont exaltés,
Et tendus les esprits vers la grande Allemagne
Et notre poudre est sèche et nos canons montés
Et nos soldats, tout préts à l'entrée en campagne.

Mesures de défense et de sécurité,
La Russie a vendu son épée à la France,
Pétersbourg et Paris liés par un traité !
Notre Chef a senti le péril et l'offense.

Déjà, l'œil arrogant, le camail hérissé,
Aux applaudissements de ses amis barbares,
Le Coq gaulois, très haut, sur ses ergots dressé,
Fait monter vers le ciel d'insolentes fanfares.

Nous voulions cultiver en paix notre jardin,
Que décorent les grands lauriers de la victoire ;
La plainte du vaincu valait notre dédain,
Nos droits ont pour soutien la justice et l'histoire.

Mais sa plainte, aujourd'hui, prend un nouvel accent,
Le volcan se rallume et gronde sa menace,
Nous le relèverons, le défi menaçant,
Notre peuple a pour lui sa force et son audace.

9

Le grand duel, par nos ancêtres engagé
Contre l'ennemi né de la sainte Allemagne
Et par leurs fils, au cours des siècles, prolongé,
A logé nos espoirs en des châteaux d'Espagne.

Nous n'avons pas tiré parti de nos succès
Ni posé nettement les termes du problème,
Sots vainqueurs, nous avons ménagé les Français,
Quand nous pouvions sur eux frapper le coup suprême.

Nos yeux dessillés ont la claire vision
Du but où nos efforts conjugués doivent tendre,
Sur les sommets de la Civilisation,
Un trône nous attend et nous voulons le prendre.

Puisqu'il n'a pas gardé la leçon de Sedan,
Paris nous reverra bientôt dans ses murailles
Et la dernière griffe et la dernière dent
Du monstre tomberont sous nos dures tenailles.

Ce Paris terrassé, nous ne le craindrons plus,
Nos plans sont arrêtés et nos mesures prises ;
Cris, protestations resteront superflus,
Au Louvre veilleront nos sentinelles grises.

Le front occidental désormais à couvert,
Les fins manœuvriers de l'armée allemande
Ont tôt fait de tourner l'invincible landwehr
Contre un Czar dont l'armée au fond n'est qu'une bande.

De son immense Empire, où tout est vermoulu,
Dont la corruption a sapé les assises,
Des Japonais ont fait tout ce qu'ils ont voulu ;
Nous lui ménageons, nous, de bien autres surprises.

Nous savons les ressorts de son Gouvernement,
Ses mauvais serviteurs à conscience trouble,
Où se joignent dans un hideux accouplement
Le culte de l'Etat et le culte du rouble.

Des milliards d'or français dont ils se sont gavés,
Combien peu nourrissaient la marine et l'armée !
Des rêves de grandeur que Paris a rêvés,
Que reste-t-il ? un peu de cendre et de fumée.

Le duel des géants, le Slave et le Germain,
Bismarck, non sans faiblesse, en redoutait l'issue.
Les temps sont bien changés, nous tenons à la main,
Dans notre main de fer, l'épée et la massue.

Nous ne craignons ni les Cosaques ni l'hiver
Qui de Napoléon ont épuisé la force ;
Contre tous les dangers nous sommes à couvert,
Nous mettons à profit l'aventure du Corse.

Pétersbourg tombera de même que Paris,
La Néva recevra nos lois, comme la Seine,
Et les aveugles seuls se montreront surpris.
La victoire est à ceux que la sagesse mène.

Pétersbourg et Paris domptés, c'est le Kaiser
Incarnant la plus haute autorité du monde,
Illuminé de gloire et de lauriers couvert,
De la paix répandant la semence féconde.

Seul, un seigneur de guerre est bon seigneur de paix ;
Le nôtre mènera la paix comme la guerre
Et bâtira pour elle un temple aux murs épais
Qui saura la garder des périls de naguère.

Avec la paix, c'est l'ordre et le travail savant
Versant à l'univers la joie et la richesse,
C'est la Culture, enfin, dont le zèle fervent
A fait notre trésor de force et de sagesse.

Voulez-vous cette gloire aux rayons chargés d'or,
Voulez-vous cette paix en richesses féconde ?
Tendez vos bras, soldats, pour le suprême effort
Et, demain, l'Allemagne est maîtresse du monde.

AU ROI ALBERT.

De la main d'un grand Roi tu reçus la couronne
Et, comme lui, tu sais la porter en grand Roi.
Tu ne rêvais que paix, que justice, que droit,
Quand vint sur toi l'assaut de la vague teutonne.

Tu lèves ton épée et Goliath s'étonne.
David est là, debout dans le grand désarroi,
L'œil fier, l'esprit sans trouble et le cœur sans effroi.
Tu parles, mais à Liège et quand le canon tonne

Le courroux du géant bravé tourne en fureur.
Sous chacun de ses pas, s'élève un cri d'horreur ;
Il assomme, il fusille, il pille, il incendie.

Sire, tu l'as chassé de ses sentiers de sang
Et sur ton noble front et sur ta main hardie
Du ciel de la victoire une gloire descend.

LE FOYER DÉTRUIT.

L'EXIL.

LE RETOUR.

L'EXIL.

I.

C'est un couple de paysans.
L'homme était fort, la femme belle ;
Sous les chagrins des derniers ans,
Ils se sont courbés, lui plus qu'elle.

Ils reviennent du long exil
Où les poussa la grande guerre.
Dans la boue et sous le grésil,
Ils se hâtent vers cette terre

Où leurs pères et leurs aïeux
Ont vécu les jours de la vie
Et sont morts, la paix dans les yeux.
Quel destin plus digne d'envie !

La voix des morts, ils l'entendront
Et, le temps venu de descendre
Dans la tombe, ils y descendront,
Au sol natal rendant leur cendre.

Sur ses ossements desséchés
Un bon fils ne veut d'autre terre
Que la terre où se sont couchés,
Avant lui, son père et sa mère.

II.

Combien lointain déjà le jour
Qui les vit quitter leur village !
De quelle angoisse il était lourd
Et que de sang sur 'son passage !

Autour d'eux le canon tonnait,
Sur eux s'abattait la mitraille,
Sous leurs yeux la Mort moissonnait
Les épis d'un champ de bataille.

Heureux voisins qui sont partis,
Au premier signal des tempêtes,
Sauvant leurs meubles, leurs outils
Et leurs récoltes et leurs bêtes.

Eux, qui refusaient de sortir
De la maison de leurs ancêtres,
Voulant, au risque d'en pâtir,
Y rester jusqu'au bout en maîtres,

9*

L'heure vint qui les condamnait
A fuir d'une fuite soudaine,
Par des chemins que canonnait
Une bataille trop prochaine,

D'un pas hâtif, coupé de bonds,
Quand l'obus sifflait sa menace,
Semblables à des vagabonds
Qui n'ont de bien que leur besace.

Ils vécurent deux jours, perdus
Comme en un rêve fantastique,
Deux nuits, sur la paille étendus,
Anxieux d'une aube tragique.

Puis ce fut la course sans fin
Vers une région lointaine,
Mère de l'olive et du vin,
Où la bière est connue à peine,

Puis, le long exil qui serra
Quatre ans, à leur col son étreinte
Et dont la voix leur murmura
Parfois l'espoir, souvent la crainte.

… Semblables à des vagabons,
Qui n'ont de bien que leur besace.

P 154

Quelle des deux voix eut raison,
De la crainte ou de l'espérance ?
Que devint-elle leur maison,
Pendant l'interminable absence ?

III.

Du pays qui les recueillit
Ils n'ont pas su goûter les charmes
Le soleil qui les assaillit
Ne put jamais sécher leurs larmes.

Le ciel, toujours clair, toujours pur,
Dont s'énorgueillit la Provence,
Les bords de la côte d'azur,
Ces doux paradis de la France,

Rien ne peut valoir, à leur gré,
La fertile plaine de Flandre ;
Si le ceps y reste ignoré.
L'épi se plaît à s'y répandre.

Le ciel du Midi, c'est trop d'or,
Trop de parfums, trop de lumière !
Mieux leur plaît le brumeux décor
Dont leur prunelle est coutumière,

Où, sitôt que l'été décroît,
Le vent d'Islande ou de Norvège
Vient secouer, humide ou froid,
Ses outres de pluie ou de neige.

IV.

Vers un village où l'air est lourd,
Vers ses brouillards, vers ses fumées
Ont voulu voler, chaque jour,
Leurs pauvres âmes opprimées.

Ils en gardaient au fond des yeux
L'image jamais effacée
Et c'était leur joie à ces vieux
Que d'y promener leur pensée.

Dès qu'ils se rejoignaient, le soir,
Sur lui tombait leur causerie,
Tantôt vive et fraîche d'espoir,
Tantôt de crainte endolorie.

L'espoir montrait un chef puissant
Brisant, au choc de son génie.
Ton front d'airain, souillé de sang,
Et ton épée, ô Germanie.

La crainte disait : « La maison,
Qu'ont bâtie autrefois vos pères,
Qui vit votre jeune saison
Fleurir sous des soleils prospères,

Où toutes vos filles plus tard,
Ont célébré leurs épousailles
Où sonna l'heure du départ
De tous vos fils pour les batailles,

Les Allemands y sont venus,
Au lever d'une rouge aurore ;
Les vieux murs si longtemps connus
Vous accueilleront-ils encore ?

Les Allemands, ça détruit tout,
Jusqu'aux cathédrales de marbre ;
Derrière eux, plus rien n'est debout,
Ni la forêt ni même l'arbre. »

Beaux et joyeux étaient les soirs
Où les visitait l'espérance,
Les autres, laids, tristes et noirs,
Lourds d'une indicible souffrance.

Vivront-ils ainsi tour à tour
Un soir qui rit, un soir qui pleure,
Sans que jamais luise le jour
Du sort qui se fixe et demeure ?

Quatre hivers déjà sont passés
Qui trahirent leur confiance ;
Ils se sentent meurtris, lassés,
Ils sont à bout de patience.

V.

Une dépêche de Paris,
Comme un obus chargé de joie,
Soudain éclate. Ils ont appris
Que l'ennemi lâche sa proie.

La fameuse ligne Hindenbourg
D'un bout à l'autre est effondrée
Et, ville à ville, bourg à bourg,
La France se sent délivrée.

Oubliant tout ce qu'ont osé
Ses soudards contre la justice,
Le Kaiser, son orgueil brisé,
Pour eux implore un armistice.

Les exilés tremblent d'émoi,
C'est une ivresse qui les gagne
« Je veux partir, dit l'homme » Et moi,
Dit la femme, je t'accompagne. »

« Eh quoi ! partir et tous les deux,
Partir pour un si long voyage,
Si fatigant, si hasardeux,
C'est folie à ceux de votre âge !

Ne partez pas, voici l'hiver,
La saison froide et meurtrière,
Attendez le ciel découvert
Attendez la fleur printanière. »

Les bons voisins ont beau parler ;
Les vieux ne veulent rien entendre
De ces discours faits pour troubler
La grande voix qui vient de Flandre,

Qui proclame son sol sacré
Lavé de la souillure infâme
Et brisé le joug abhorré
Sous quoi se flétrissait son âme.

La Flandre appelle ses enfants,
Elle a besoin d'eux pour revivre
Chacun répond : Je la défends,
C'est ma mère, et je la délivre

Nos jeunes gars se sont battus
Et sont morts pour te sauver, mère,
A nous, les vieux, à nos vertus
De te rendre un destin prospère.

La terre de chez nous se meurt,
Nous voulons guérir notre terre,
Le geste auguste du semeur,
Mieux qu'un jeune, un vieux peut le faire.

VI.

Au jour du départ, un regret,
Qu'ils ne s'expliquent pas eux-mêmes,
Les prend de la vaste forêt
D'arbres trapus aux feuilles blêmes.

Ils vont souffrir de ne plus voir
Des oliviers plaqués de mousse
Onduler, sous le vent du soir
La chevelure pâle et douce ;

Un regret les saisit aussi
De la montagne aux pentes raides
Qui porte sur son flanc roussi
Les bosquets sombres des pinèdes,

Ils y promenaient leur loisir
Quand de l'été s'ouvrait la fête,
Heureux d'y goûter le plaisir
D'une ombre fraîche sur la tête ;

Un regret les saisit encor
De la mer, la grande charmeuse,
Où le soleil vient poudrer d'or
Les plis de la vague écumeuse,

Même ils regrettent leur maison
Qui, vieille et bien peu confortable,
Leur donnait, en toute saison,
Un lit, un foyer, une table.

Du plus profond de leurs esprits
Des images sont évoquées,
Tandis qu'ils roulent vers Paris,
Qu'ils n'avaient jamais remarquées.

Que de liens insoupçonnés
Avait su nouer l'habitude !
Ils en restent tout étonnés
Et troublés d'une inquiétude.

L'heure, qui sonna leur départ,
Leur reste chère, mais tes hôtes,
Sache, Provence, que plus tard,
Tu les reverras sur tes côtes

S'ils ont souffert des jours mauvais,
Sous ton égide protectrice,
En dépit de tout, tu savais
Prendre leurs cœurs, ô Séductrice :

Ils ont emporté dans leurs yeux
Ta terre du soleil aimée,
Une gueuse, mais que les Dieux
Firent « la Gueuse parfumée. »

Des parfums que tu leur versas
Ils voudront boire encor l'ivresse,
Des splendeurs dont tu les lassas
Sentir encore la caresse.

LE RETOUR.

I.

Du train qui les porte voici
Que l'allure devient plus lente,
Sous un ciel de brume obscurci,
Un ciel de deuil et d'épouvante.

Si, parfois, fouetté par le vent,
Le brouillard soulève ses ombres,
En arrière comme en avant,
Partout, c'est des tas de décombres,

Des villages entiers détruits,
Dont chaque heure use les squelettes
Où la nuit vient mêler ses bruits
Aux hululements des chouettes.

Tantôt le désir de savoir
Ronge leurs cœurs d'impatience
Et tantôt ils voudraient se voir
A nouveau dans cette Provence,

Où, d'un péril qu'on sait lointain,
Qu'on pressent, mais sans le voir poindre
Au bord d'un horizon certain,
Naît un émoi, mais combien moindre

Que celui dont ils sont meurtris,
Dans cette fatale journée
Qui doit ouvrir à leurs esprits
L'énigme de leur destinée.

Le sort qu'ils connaîtront bientôt
Est-il de paix ou de misère ?
A leur front bat comme un marteau
Un sang dont le cours s'accélère.

II.

Ils marchent, non sans trouver lourd,
Si mince qu'il soit, leur bagage.
Avant que s'achève le jour,
Achèveront-ils le voyage ?

L'hiver ne tire sa clarté
Que d'un mince rayon qui creuse
Son étroit sillon argenté
Dans l'immensité ténébreuse.

Les grandes vagues de la nuit,
Pour de brefs moments refoulées,
Poussent sur le rayon qui luit
Leurs masses bientôt rassemblées.

Ils sont tous deux tristes et las,
La bise les cingle au visage,
Ils voudraient allonger le pas,
La force manque à leur courage.

Enfin voici le sol sacré,
Que n'ont jamais quitté leurs âmes,
Que leur exil a tant pleuré !
Qu'en ont fait les Boches infâmes,

Les Boches au cœur tortueux,
Fauteurs d'éternelles discordes ?
De quels outrages monstrueux
L'ont souillé leurs sauvages hordes !

Ce désert morne et désolé,
Où chaque pas heurte une épave,
Est-ce lui qui portait le blé,
Le houblon et la betterave,

Est-ce lui qui portait le lin
Et l'herbe grasse des prairies,
Où de grands bœufs, le ventre plein,
Vautraient leurs lourdes rêveries ?

Partout s'étalent les débris
De la longue et rude bataille
Qui sur un sol pris et repris
Versa des torrents de mitraille.

Aux flancs de maint talus rampant,
Où déjà la rouille les ronge,
Maint canon long, tel un serpent
Que la mort a raidi, s'allonge.

Quel est cet énorme corbeau,
Posé là bas et qui croasse ?
Vu de près, c'est un char d'assaut
Dont grince au vent la carapace,

Près d'innombrables camions,
Renversés sur des lits de fange,
Des fascines, des gabions
Et mille objets d'aspect étrange,

Les uns, en gros tas ramassés,
Brisés, rompus, tordus, sordides,
D'autres, au hasard dispersés
Par la dent des bêtes avides.

De quelle secousse a tremblé
Ce pays de terre féconde !
Les marteaux qui l'ont martelé,
Sont-ils ceux de la fin du monde ?

III.

Le vieillard a tout oublié
Des fatigues du long voyage,
D'un corps que les ans ont plié
Il a secoué le servage

Et, se dressant dans un effort
Qui rétablit sa haute taille,
Sur ce théâtre de la mort
Et dans ce décor de bataille,

10

En mots tout vibrants de courroux,
Aux auteurs de tels brigandages,
A ces hommes qui sont des loups
Et, plus que de vrais loups, sauvages,

Il dit sa haine, son mépris
Et l'âpre désir de vengeance
Qui fermente dans ses esprits,
Il dit aussi son espérance.

« Au sol, par nos soins nettoyé,
Nous rendrons une face pure,
Du champ par l'obus foudroyé
Nous panserons chaque blessure,

Nous assécherons le marais
Pour y retrouver la prairie ;
Mais où retrouver la forêt
Qu'anéantit la barbarie ?

Tout bois où passa l'Allemand
Ne conserve ni tronc ni branche ;
Il en sut méthodiquement
Organiser la coupe blanche.

Les bois, nous les replanterons,
Nos descendants verront encore
De vieilles branches, de vieux troncs
Rougir aux rayons de l'aurore.

Il lui plut, parfois, pour marquer
L'esprit infernal qui l'anime,
Au lieu de couper, de tronquer
Mainte noble et haute victime,

Ainsi, dans les parcs, les vergers,
Se lèvent des géants sans tête,
Pitoyables, nus, ravagés,
Ecorcés de la base au faîte,

Colonnes dont les chapiteaux
Ne sont plus que cendre ou décombre,
Mâts brisés, vulgaires poteaux
Qui s'étonnent d'être sans ombre

Et qui, tous, vers le ciel tendus,
Implorent la juste sentence,
Qu'à leurs bourreaux bientôt pendus
Chacun d'eux serve de potence.

Si leur plainte n'a plus la voix
Ni du rameau ni de la feuille,
Elle gémit au cœur du bois
Et notre amitié la recueille.

Chers vieux arbres, le jour luira,
Qu'appellent nos vœux et les vôtres ;
Plus d'un Boche à vos pieds dira
La dernière des patenôtres.

Nous les verrons, nous, sans émoi,
Non pendus — ce n'est plus la mode —
Mais fusillés, suivant la loi
De notre trop généreux Code.

La balle au soldat, au bandit
Le couteau de la guillotine
Et, pour son corps de chien maudit,
Pas de tombeau, non, la sentine.

Aux pieds de vos fûts mutilés
Que, du moins, on les enfouisse,
De ces cadavres assemblés
Que chacun sans retard pourrisse

Et que de ce tas de Teutons,
Aux jours que le printemps enivre,
Eclosent les beaux rejetons
Où vous vous sentirez revivre. »

IV.

La femme, non sans s'étonner,
Suivait cette parole ardente.
Soudain, il la voit frissonner,
Comme prise d'une épouvante ;

Du même coup, l'homme se tait
Et l'effroi glace son visage,
Aux lieux où leur village était,
Il n'est plus trace de village !

L'épouse regarde l'époux,
Un trouble en leurs esprits se lève,
Sont-ils des aveugles, des fous
Ou les jouets d'un mauvais rêve ?

Ils ne rêvent pas ; sans erreur
La route à leur but les amène ;
De sa terre un vieux laboureur
Garde la mémoire certaine.

10*

Si c'est là leur terre, pourquoi
Ne garde-t-elle aucune trace
Ni des maisons ni du Beffroi
Ni même de la Grande Place,

Où la Ducasse ramenait
Le chœur des danses juvéniles.
Aux soirs chauds, quand l'été renait,
Fleuri d'amoureuses idylles ?

S'ils sont chez eux, où donc est-il
L'orme à la puissante ramure,
Que parait le soleil d'avril
D'une éclatante chevelure,

L'orme, par le temps ennobli,
Qui portait fièrement son âge,
Un contemporain de Sully,
La joie et l'orgueil du village ?

Hormis le ciel, seul retrouvé,
Tout a disparu du domaine
Où, naïfs, ils avaient rêvé
De cueillir la moisson prochaine.

Comment, si vieux, nourrir l'espoir
De refaire à nouveau fécondes
Leurs terres mortes et d'y voir
Renaître l'or des gerbes blondes ?

Il faut du temps, des ans nombreux,
Pour que ces mornes solitudes
Se repeuplent d'hommes heureux ;
Il faut des travaux longs et rudes,

Et la puissance de l'argent
Et la vigueur de la jeunesse.
Que peut faire un couple indigent
Et que le poids de l'âge oppresse !

V.

Les démons, vomis par l'enfer,
Qui rugissent dans la bataille,
Ceints de flammes, bardés de fer,
Et volent avec la mitraille,

Ne pouvaient, le voulussent-ils,
Ni par le fer, ni par les flammes,
Si puissants qu'ils soient et subtils,
D'un village de cinq cents âmes.

Faire cet étang dont les flots,
Etalés sur un lit de boue,
Laissent émerger des ilots
Où l'herbe stérile se joue.

Le brigand boche vint ici,
Portant la torche d'incendie ;
De place en place, un bloc noirci
Témoigne de sa perfidie.

Quand il fut las de saccager,
Sous leurs débris fumants, les caves,
Il prit plaisir à submerger
Ce que le feu laissait d'épaves.

Dans le canal, dont le niveau
Dépasse le niveau des terres,
Il ouvre des brèches et l'eau
Se rue en torrents délétères ;

Chacun bondit, glisse, se tord,
Suivant la pente aventureuse,
Sa force épuisée, il s'endort
Partout où la plaine se creuse ;

Le pays n'est plus qu'un marais,
Un atelier de pourriture,
D'où pourra tirer force engrais
La génération future.

Le Boche, qui sait tout prévoir,
A voulu que l'eau, sous le dôme
De brume qui l'étreint, le soir,
Enfante un languissant fantôme.

Un fantôme aux membres tremblants,
Les yeux battus, pâle la face,
Les mains molles et les doigts blancs,
Sous la fièvre qui le terrasse.

VI.

Ils s'enfoncent, les exilés,
Dans un abîme de détresse ;
Avec des gestes affolés,
La vieille aux flancs du vieux se presse :

Elle gémit : « De quels forfaits
Leur race fut-elle coupable
Pour que pèse sur eux un faix
D'infortune qui les accable ?

Où s'abritera leur malheur
Qui dépasse les pires craintes,
Qui versera sur leur douleur
D'autres baumes que ceux des plaintes ?

Ailleurs, subsistent des débris
De la plus humble maisonnette
— Les moindres choses ont leur prix
Pour ceux que la misère guette —

Ici, rien ne reste plus, rien,
Sinon, peut-être, dans la mare.
Leur sac enferme tout le bien
Que leur a laissé le Barbare.

Fuyons notre pays fangeux,
Où, déjà, la peste s'avance.
S'il faut vivre des jours de gueux,
Retournons les vivre en Provence.

Au feu du soleil, près des eaux
Dont la chanson berce et console,
Nous y chaufferons nos vieux os,
Sans qu'il nous en coûte une obole.

La mer est bonne aux pauvres gens,
Ses fruits, à tous elle les livre,
Ils nourriront les quelques ans
Que nous avons, peut-être, à vivre. »

La vieille déroulait toujours
Les versets d'une litanie,
Dont rien ne suspendait le cours
Et qui jamais n'était finie.

Elle parlait, elle parlait ;
Au bourdonnement d'une abeille,
Lutinant la fleur qui lui plaît,
Son antienne était pareille.

VII.

Le vieux, lui, longtemps reste armé
D'une cuirasse de silence ;
L'émoi, dans son cœur enfermé,
Eclate, la brise et s'élance

En mots enflammés de courroux
Que martèle une voix sévère :
« Ne sommes-nous donc pas chez nous,
En Provence qu'irons-nous faire ?

Nous entendre traiter de gueux ?
Je ne veux pas de cette injure,
Insupportable même à ceux
Qui méritent sa flétrissure.

Je n'en veux pas, je n'en veux pas,
Mon âme n'est point résignée
A traîner, jusques au trépas,
Sa honte au remords condamnée,

Fût-ce sur la Côte d'Azur,
Sous son soleil et dans la joie
Qui s'épanche de son ciel pur
Et parmi ses fleurs se déploie.

Sont-ils des gueux les habitants
D'un pays détruit par la guerre ?
S'ils sont pauvres, c'est pour un temps
Qui d'ailleurs ne durera guère.

Ne sont-ils pas vainqueurs aussi ?
Par leur magnifique constance,
De fiers soldats ont réussi
A refaire grande la France.

Ils ont culbuté les brigands,
Les voleurs, les incendiaires,
Couvrant de masques arrogants
Leurs visages de belluaires ;

Ils ont, d'un geste solennel,
D'un geste tout chargé de gloire,
Posé sur le front maternel
La couronne de la victoire.

Ce que le Boche nous a pris,
Nous en dresserons l'inventaire ;
Il en rendra compte à Paris.
Il restaurera cette terre

Que se complut à ravager
Son infernale frénésie :
A son tour, il ira loger
Au Château de la Gueuserie.

Les signataires du traité
Qui va sceller notre victoire
Savent que le Droit insulté,
Quand il a recouvré sa gloire,

11

Pour récompenser ses héros,
Pour indemniser ses victimes,
Doit imposer à ses bourreaux
La juste peine de leurs crimes ».

La voix du vieillard frémissait
Dans la paix du soir épandue,
Vers le ciel qui s'obscurcissait
Il éleva sa main tendue,

Il éleva son cœur aussi
Vers le Maître des destinées,
Suppliant : « Laisse-nous ici
Vivre nos dernières années.

Sur cette terre, nos aïeux,
Qui dès longtemps furent ses maîtres,
Ont peiné ; nous ferons comme eux
Qui firent comme leurs ancêtres.

A cette terre ils ont voulu
Que la mort vînt unir leur cendre ;
Dans le tombeau qu'ils ont élu
Nous aussi nous devons descendre.

11*

Lâche qui s'avoue impuissant
A garder la terre sacrée,
La terre humide encor du sang
Des héros qui l'ont délivrée ».

Sa voix tombe ; déjà le soir
Se teint d'une ombre plus épaisse.
Près de sa femme il va s'asseoir
Et, l'entourant d'une caresse :

« Ce que j'ai dit, je le ferai,
Sache... » Elle l'arrête d'un geste :
« Où tu seras, moi je serai.
C'est ici chez nous et j'y reste ».

Lentement, les yeux dans les yeux,
Les deux époux se rapprochèrent.
Les vieilles lèvres se touchèrent
D'un long baiser silencieux.

LE NID RETROUVÉ.

Le Printemps remplit le ciel clair
De cris légers, de frissons d'ailes :
Voici jouer les hirondelles
Dans les hauts domaines de l'air.

Elles reviennent du désert,
A leurs vieux nids toujours fidèles
— Les lourdes brumes où sont-elles
Qui chargeaient le front de l'hiver ? —

Vigilantes et délicates,
A coups de becs, à coups de pattes
Elles réparent leur maison.

Les rapatriés font de même,
L'hirondelle et l'homme ont raison,
Au nid retrouvé comme on s'aime !

TABLE.

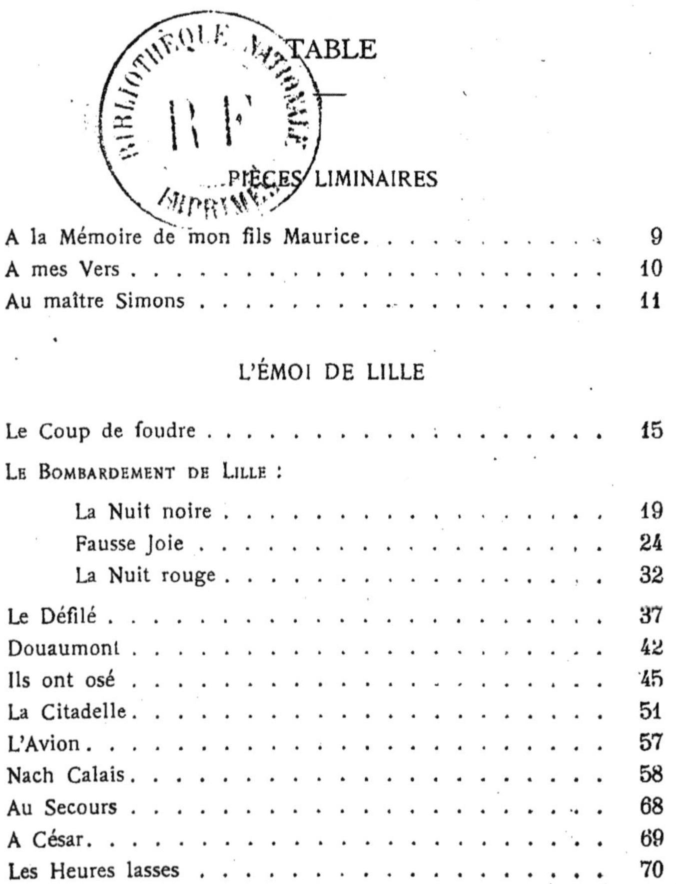

TABLE

PIÈCES LIMINAIRES

L'ÉMOI DE LILLE

CROQUIS DE SIMONS

Achevé d'imprimer
par
L. DANEL,
à LILLE,
le
1er Septembre
1925.